ある時はスーツ姿で花束を抱え、
ある時はタキシード姿で
華やかなパーティーに。
またある時は水着姿で
ジャグジーでのんびり……

「この人ってど[illegible]
「一体いくつの[illegible]かしら？」

知ろうと思う[illegible]、
ますます興味[illegible]

「あの人は表[illegible]

それだけな[illegible]
表と裏どこ[illegible]
上下前後左[illegible]……
数えきれないくら[illegible]
いくつもの表情。

成熟と未熟、完璧と欠落、
緊張と緩和、勤勉と休息。
――多面性。

いろいろな側面や
表情を持っていること。
それは、人間的な幅の広さで
あり、その人の魅力。
魅力的であることは、
性別問わず人を惹きつける力が
あるということ。
そう！
すなわち〝色気力〟。
本書では、そんな〝色気力〟の
正体に、干場義雅が迫る。

色気力

千場義雅

集英社文庫

目次

PART 2

仕事編

仕事への姿勢を変えると〝色気〟が出る

PART 3

女性編

「喜ばせたい」気持ちが〝色気〟に繋がる

PART 4

休日編

好きなことが〝色気〟を育む

色気力

はじめに

「色気がある男」とは？

「色気がある男」と聞いて、皆さんはどのような男性を思い浮かべますか？

一般的に「色気」という言葉は、女性に対して使うことが多い言葉です。「セクシー」とか「セクシャルな魅力がある」とか「艶《なま》めかしい」とか……。そういう意味合いで使われることが多いので、「色気がある男」というのはイメージしづらいかもしれません。

僕が考える「色気がある男」とは、もちろん、そうしたセックスアピールがあるという本来の意味もあるのですが、もっと言うならば〝人間的な魅力を持つ男

性〞と捉えています。

真に魅力のある男性は、女性だけでなく、男性も含めて、人を惹《ひ》きつける〝オーラ〞のようなものを全身から漂わせているからです。

皆さんの周りにもそんな男性がいませんか？　一緒にいるだけで、なんとなく場を和ませ、心地良い気分にさせてくれる男性。多くの人が自然とその人のところに集まってくるような「男からも女からもモテる男」。そんな男性が放っている魅力こそ、僕は〝大人の色気〞と呼びたいのです。

▼〝大人の色気〞を教えてくれた先輩たち

僕もこれまで編集者として雑誌を手がけたり、ファッションディレクターとしてブランドを立ち上げたりする中で、そのような人物を多く見てきました。

僕が携わってきた『MA-1《エムエーワン》』『モノ・マガジン』『エスクァイア日本版』『LEON《レオン》』『OCEANS《オーシャンズ》』といった雑誌の歴代の名編集長。取材でお会いした際に懇意にしていただいた、イタリアを代表する最高級生地メーカー「ロロ・ピアーナ」のトップである故セルジオ・ロロ・ピアーナ氏と現副会長のピエール・ルイジ・ロロ・ピアーナ氏ご兄弟、そしてイタリアの高級ファッションブランド「トッズ」グループの会長兼CEOであるディエゴ・デッラ・ヴァッレ氏。こうした人々は誰もが、女性だけでなく男性をも魅了し惚《ほ》れさせてしまうような〝大人の色気〟を持っていました。**もちろん、彼らは社会的な地位があり見た目もカッコいいのですが、人柄や人生観、人間としての幅の広さ、生きる姿勢など〝人間味〟ともいえる部分にも、僕をはじめとする周りの人々は惹きつけられていたのです。**

例えば、僕が最初に携わった『MA-1』という情報雑誌の当時の編集長・大矢《おおや》敏雄《としお》さんは、仕事もできてお洒落《しやれ》な人でしたが、何より人間としての魅力に溢《あふ》れていました。僕の担当する原稿が締め切りに間に合わなさそうな時は「しょうがねえな～」なんて言いながら、原稿をサササッと書き上げて「これで出しな」と言ってくれるような優しい人です。しかし、僕が失敗した時には愛情をもって叱ってくれるような人でした。

僕が新人だった頃、新年最初の部会に遅刻してしまったことがありました。全社員の前で社長が挨拶をするという時にコソコソ入ってきた僕を見て、

「何やってんだ!? 干場!」

と怒鳴りつけて、冗談抜きにカラダが吹っ飛ぶぐらい蹴飛ばされたんです。当然僕としても、「やってしまった……」と反省して、一日中暗い気持ちで過ごしていたんです。すると、大矢さんがそんな僕を見かねて、仕事終わりに飲みに誘ってくれました。

「干場、俺はお前を蹴飛ばして皆の前で叱ったけど、あれはお前が憎いからあそこまで怒ったんじゃないんだ。全社員が見てる前で俺が怒らなかったら、俺たちの部署全体が仕事をなめているように思われるだろ?」

と怒った理由をきちんと説明してくれて、

「でも、お前もこんな大事な時に遅刻しちゃ駄目だぞ。お前のことを信頼してるから言ってるんだからな」

と諭してくれたんです。

このほかにも、大矢さんからは仕事への姿勢はもちろん「人間とはどうあるべきか？」といった「人間の本質」のようなことまで教えてもらいました。

出版・ファッション業界に長年身を置いてきた僕がこんなことを言うのもどうかと思いますが、ファッションはあくまで〝表層〟です。もちろん、考え方や中身、センスが表層にも反映されるという意味で、ファッションが重要であることに間違いはありません。ですが、**男女問わず「この人と一緒にいたい」「この人にまた会いたいな」と思わせる〝大人の色気〟をまとっている人たちに共通するのは、大矢さんが僕に教えてくれたような「人間としての本質」を大切にしているということだと思うのです。**

本書では〝大人の色気〟を醸し出すために僕が学んできた、魅力の出し方や、一流と呼ばれる人たちが大切にしていることについて、ファッションだけでなく、いくつかの側面から僕なりに紹介していきます。

ました。
ば自分がそうなれるのかを考え、何度もトライ・アンド・エラーを繰り返してき
自分の半生を振り返ってみれば、僕はずっと色気のある男性に憧れ、どうすれ

ました。

▼「カッコいい男」に憧れた原体験

僕が最初に「自分もこういう男になりたい」という憧れの念を抱いたのは、小学五年生の頃です。

その相手は当時、家族で住んでいたマンションに引っ越してきた、「Tさん」という二十七歳の男性でした。ルックスは福山雅治《ふくやままさはる》さんを彷彿《ほうふつ》とさせるような爽やかで長身の甘い顔。まず母親がすっかりメロメロになって、僕に何の相談もなしに「子供の家庭教師になって欲しい」と無理やりお願いしてしまったんです(笑)。それで週に一回、Tさんの部屋で勉強を教えてもらうことになりました。

それは僕にとって、自分の親や親戚、教師といった人間以外で初めての〝大人の男〟との出会いでした。

Tさんは、早稲田大学出身で頭も良く、前述したように爽やかなイケメンでしたが、体格の良いスポーツマンでバイク乗りという、男らしい雰囲気も溢れる人でした。男性の後輩たちからも慕われていたようで、大勢がTさんの部屋に泊まりに来ては楽しそうに酒を飲んで騒いで、翌朝は皆で家の周囲をジョギングなんてことをよくしていました。走り終わって、朝陽《あさひ》に汗を輝かせながら牛乳をパックのままゴクゴクと一気に飲んでいるTさんの姿には「カッコいい！」と衝撃を受けたものです。それから僕も一緒に走らせてもらうようになって、あまり飲まなかった牛乳も、Tさんのように身長が高くなりたくて、真似《まね》をしてよく飲むようになりました。

もちろん、Tさんは女の人からもすごくモテる人でした。勉強を教えてもらうつもりでTさんの部屋に行くと、いつも最初にちょっと教えてもらったら「じゃあ、あとはヨロシク」という感じでパチンコ屋に行ってしまう。ちゃんと月謝は払っていたんですけどね。それでTさんの部屋でひとりで勉強をしていると、女性がしょっちゅう訪ねてくるんです。それもかなりの美人ばかり。

「先生は外出中で……」なんて答えると、

「それじゃ、ちょっと待たせてもらうわ」ということになって、なぜかTさんの部屋で、小学生の僕と若い女性がふたりきり。気まずいんだか嬉《うれ》しいんだかわからない、微妙な時間を過ごすことがよくありました。当時流行《はや》っていた、いわゆる「JJ系」のニュートラファッションに身を包んだ大人の女性は、子供心に妙に色っぽく感じられて、今でも強く印象に残っています。

勉強を教えてくれる家庭教師としては、今考えてみればTさんは相応《ふさわ》しくなかったかもしれません（笑）。でも、**「男からも女からもモテるカッコいい男」を初めて見せてくれたという点では、僕の人生に、とても強い影響を与えた何よりの教師だったのです。**

それが「あんな男になりたい」という、カッコいい男に対する憧れの原体験です。もちろん当時は、「色気がある男」なんて言葉はまったく頭にありませんでしたが、そこにきっと今に繋《つな》がる理想の男性像を見ていたのでしょう。

しかし、そこからは前述したようにトライ・アンド・エラーの繰り返し。僕の原点になっているのは、コンプレックスなのです。

▼色気を追求する原動力になった「挫折」

バブル時代、モテる男の条件を表す〝三高〟なんていう言葉がありました。これは「高収入」「高学歴」「高身長」の三つの〝高〟が揃《そろ》った男性のこと。現在ではすっかり死語になってしまいましたが、当時は冗談ではなく、半ば本気で〝三高〟を恋人や結婚相手の条件として挙げる女性が多くいたのです。**しかし、僕は見事なまでにその三つの〝高〟を持たない存在でした。**

女性の存在を意識するようになった思春期、中学時代は身長百五十センチにちょっと足りないぐらい。「前へならえ」をやる時には、常に一番前で両手を腰に当ててるポジションです。成長の早い女子は皆、僕より背が高いのが当たり前。僕がどれだけカッコつけようとしても、「もう〜、千場くんはかわいいんだから〜」となってしまいます。そりゃスネたくもなります。

そんなわけでルックスに関してもまったく自信がありませんでした。**中学生ですから「どうすれば、カッコよくなれるんだろう？」と考えても、自分を客観視できていないから失敗ばかり。**その頃はチェッカーズの人気が爆発していて、僕もその華々しい姿に衝撃を受け、女の子と仲良くなれるかもしれないという下心から歌を覚えたり、藤井《ふじい》フミヤさんの前髪だけを伸ばしてサイドとバックを刈り上げたようなツーブロックの髪型を真似てみたりしていました。しかし、悲しいことにこれがまた、まったくと言っていいほど似合っていなかった。シブがき隊や少年隊も同じような理由で真似しようとしたことがありますが、結果は言わずもがな（笑）。その後、身長は少しずつ伸びていったのですが、当時はそんな自分と周囲の扱いに、もどかしさを感じていました。

そして、**高校受験に失敗したことが、僕にとって初めての大きな挫折になりました。**第一志望だった都内の某有名私立高校に落ち、僕が入学したのは、滑り止めの滑り止め。特に頭が良いわけでもなかった僕が、いっさい勉強せずに校内トップクラスの成績をとれるような学校でした。そんなわけで勉強なんて全然する気も起きず、遊びまくっているうちに、僕の学力は学校のレベルと同じところまで落ちて下げ止まり。勉強しなければ学力が下がるのは当たり前の話なので、それは構わないのですが、切なかったのは中学時代に仲の良かった友人たちと男子八人・女子八人の合コンをした時のことです。

僕と違って皆は都内の某有名私立高校に進学した、良いところのお坊ちゃん。

しかも、皆めちゃめちゃハンサム。まるで、合コンに木村拓哉《きむらたくや》さんが七人いるような感じだったんです。で、皆、当時流行した渋カジファッションに身を包んで、有名女子校の女の子たちとの宴は盛り上がっていきました。もちろん、僕もそのキラキラした流れに乗るつもりでした。ところが、僕が通っていた学校は友人たちの有名校と比べかなりランクが下。というか、その場にいた女子の誰もが僕が通っていた学校の存在すら知らなかったのです。ですから僕が自分の学校名を告げると、

「へえ……そうなんだ」

という、曖昧ながらもこちらに興味がないことがはっきりとわかる返事しか返ってこなくて意気消沈。その時は「やっぱりもっと良い高校に行っていれば……」なんてひねくれた気持ちにもなりかけました。

結局、僕は大学にも進学できず、高校卒業後は、トップドッグという渋谷で当時流行っていたカフェで友達とアルバイト。その後は、友達の紹介で「BEAMS」渋谷店で販売のアルバイトを週六日やらせてもらうことになりました。そして、たまたま友達の紹介で行った雑誌のお洒落スナップの撮影会で拾われ『POPEYE《ポパイ》』

の読者モデルをするようになったのです。

アルバイト仲間の多くは有名大学に通っていて、卒業後はそれぞれいい企業に就職していきました。高卒の僕には当然そんな道はありません。そのままだったら、収入面でもどんどん差をつけられてしまうことになったでしょう。

しかし、そこで落ち込んで諦めてしまうようなことはありませんでした。そん**ないくつものコンプレックスがあったからこそ、どうやって自分と周りを差別化していけばいいのか、カッコいい男になるためには何が必要なのかということを常に考えるようになり、実際に行動に移していったのです。**

そういう意味ではコンプレックスがあったからこそ、今の自分があるのかもしれません。

▼内面を磨くと〝色気〟が出る

「カッコいい男になりたい」という気持ちが、多くの男性と同じように、「女の子にモテたい」という欲求からきていたのは間違いありません。しかし、それと同じくらい、いやそれ以上に僕の中で大きかったのは、前述した家庭教師のTさんのように、「カッコいい」と僕自身が強く感じ、憧れ、刺激を受けてきた数々の男性たちとの出会いです。

自分がコンプレックスの塊で、何者にもなれていないという焦りがカッコいい男の理想像にストレートに向かっていく原動力になっていたのかもしれません。

僕のカッコいい男の理想像は、シャア・アズナブル、ルパン三世、冴羽獠《さえばりよう》……といった、アニメやマンガのヒーロー。『007』のロジャー・ムーア、『インディ・ジョーンズ』のハリソン・フォード、『アメリカン・ジゴロ』のリチャード・ギア、『ナインハーフ』のミッキー・ローク、『トーマス・クラウン・アフェアー』のピアース・ブロスナン、『燃えよドラゴン』のブルース・リー、『少林寺木人拳』のジャッキー・チェン、『ニューヨーク恋物語』の田村正和《たむらまさかず》、『緋牡丹博徒《ひぼたんばくと》』の高倉健《たかくらけん》といった興奮や感動で打ち震えた映画やドラマの主演俳優だったこともあります。しかし、**やはり僕がもっとも大きな影響を受けたのは、先にも述べた雑誌の歴代の名編集長やスタイリストの方々、ロロ・ピアーナ氏などの、仕事で出会った〝大人の色気〟をまとった男たちでした。**

小さい頃から、「カッコいい男になるにはどうすればいいのか？」を考え続けてきた僕が思う〝大人の色気〟をまとった男とは、「人間の本質」をしっかりと理解している人だと思うのです。**ファッションディレクターとしてテレビに出演したり、「ちょい不良《ワル》ブームの立役者」のようにメディアに取り上げられたりすることの多い僕の世間的なイメージからすると、本書の内容はちょっと派手さに欠けるように思われるかもしれません。**しかし、それは僕が表層的な派手さよりも人間的な魅力のほうがずっと大事だと考えているからです。

もちろん、色気について長年考えてきたといっても、僕自身はまだまだ半人前。自分の理想とする「色気のある男性像」を常に模索しながら、そこに向かっている最中です。

ですが、これまでの経験から自分なりの方法論もいくつか導き出してきました。本書では、そんな僕がこれまでの経験から導き出した〝大人の色気力〟を作るための自分なりの方法論と、僕自身が大切だと考えていることを紹介していきます。

PART 1
外見編

見た目の「安心感」から
“色気”が生まれる

「清潔感」が〝色気〟の大前提

「はじめに」でも述べたように「色気」という言葉は、多くの場合、男性が女性に対し、「セクシー」であるとか「セクシャルな魅力がある」という意味で使われています。海外でのセクシー「SEXY」という言葉の理解は「SEX」＋「Y」。つまりセックスアピールがあるということ。極端な言い方をすれば、「この人と寝てみたい」「この人を抱きたい」と思わせるような雰囲気があるということが、本来の意味だと言えるでしょう。「SEX」は、もちろんカラダだけのことでもありません。言葉であり、仕草でもあり、戯れでもあり、知性でもあります。人はそんな雰囲気を視覚、聴覚、触覚、嗅覚、味覚という「五感」のすべてを使って感じとるものなのです。

逆に、**この「五感」において、人を不快にさせたり、不安にさせたりするようであれば、色気なんて感じられるはずがありません。**

パッと手を見た時に、爪が伸びていて黒いカスが溜《た》まっている。髪がフケだらけ。歯が歯石やヤニで茶色くなっていて、口臭もひどい。隣に座った時に異臭がする。眉毛が顔から飛び出るぐらい伸びている――ひどい例はいろいろあると思うのですが、そういう人に色気を感じるでしょうか？　それはもう色気がどうのこうの言う以前の問題ですよね。一緒にいる人は色気を感じるどころか、不快になる一方です。これは単純な話で、ヤニで茶色くなった前歯を見て、「この人とキスしてみたらどんな感じなんだろう……!?」なんてセクシーな気持ちになる人はいないでしょう。

色気は、一緒にいる人に「心地良さ」や「安心感」を与えることによって初めて成り立つものなのです。

これは「セックスアピールがある」という意味での色気だけでなく、本書で僕が提唱する〝大人の色気〟についてもまったく同じです。色気に繋がる「心地良さ」や「安心感」を与えるためには、何よりも「清潔感がある」ということが大前提なのです。

そして、清潔感があるということは、カラダが健康的であるということとも同義です。澄んだ目、艶のある髪の毛、瑞々《みずみず》しい肌、虫歯のない歯、太りすぎでも痩せすぎでもないスマートな体形——そんな清潔感のある美しいカラダを自分のものにするためには、バランスのとれた食事、適度な運動、十分な睡眠が不可欠です。きちんとした生活をすることで健康的な肉体を作り、それを維持しようと意識することが、すべてのスタート地点と言えるでしょう。

一方で、「過ぎたるは猶《なお》及ばざるが如《ごと》し」という言葉があるように、やりすぎも良くありません。「歯をきれいに見せよう」ということで、歯を真っ白にホワイトニングしたら、他人にどんな印象を与えるでしょう。自然な肌の色と、人工で作り上げた歯の色とのコントラストの激しさは健康的なイメージよりも〝不自然〟というイメージを作り上げてしまうはずです。**言うまでもなく、〝不自然〟は不快感や不安のファクターとなります。**

こういったすべての土台となる部分をおろそかにしているようでは、どれだけ高級ブランドの服を身につけて、どれだけ気取ったことを言ったとしても、すべて無駄。女性からも男性からもモテる「色気力のある人」にはなり得ません。

服を着る以前の問題として、色気の本質、その根本となる健康的な肉体を作り、身だしなみをしっかりと整えることが大事なのです。

中身で勝負する〝エロサバ〟ファッション

では次に、色気のあるファッションとはどういうものなのでしょうか？　男性読者の皆さんがイメージしやすいように女性でたとえてみると、派手な巻き髪にばっちりメイク、谷間まで見えるぐらい胸元がざっくり開いた超ミニのワンピースにピンヒール、クラクラするほどの香水……。そんな女性たちは、確かにわかりやすいという意味でセクシーかもしれませんが、逆に引いてしまうという人も多いのではないでしょうか？　セクシャルな意味での色気がダダ漏れになっていますが、男女に限らず多くの人を惹きつける〝大人の色気〟があるとはとても言えません。

〝大人の色気〟というものは、ただセクシャルな色気を出せばいいというものではなく、知性によって裏打ちされたものでなくてはならないのです。そのためには繰り返しになりますが、「本質を知る」ということが大切なのです。

先に述べたように、色気の根本となるのが健康的な肉体と清潔感であると理解するのも、「本質を知る」ことのひとつと言えるでしょう。

僕は究極のモテるファッションとして〝エロサバ〟というスタイルを提唱しています。これは、極めてコンサバティブな装いをしているのにもかかわらず、さり気ない色気が感じられるスタイルのこと。

例えば、ほとんどノーメイクの喪服を着た女性。なぜか色気を感じたことがある男性もきっと多いでしょう。ちょっと不謹慎ではありますが、これがエロサバの象徴的な例です。喪服という究極的にコンサバティブな装いが、肉体のセクシャルな魅力を抑制することで、逆にその女性自身が本来持っている、抑えようのない色気を際立たせているんですね。

もちろん、このエロサバは男性にも当てはまります。男性の場合は〝エロ〟の部分を意識しすぎるとただのスケベオヤジになってしまうのですが、言うまでもなく、感じさせたいのはスケベ心ではなく〝大人の色気〟です。

人間の内面から出てくる〝人間力〟や〝大人の色気力〟。それを作るためのポイントは章を追って随時紹介していきますが、**過度に装飾された派手なファッションではなく、ベーシックでシンプルなものが、着る人の色気を際立たせてくれるのです。**

そもそも僕はファッションの本質として、その人自身が持つ個性、魅力こそが真に重要なもので、服はそれを引き立たせるためのものであると考えています。ミドルエイジを迎えた男性でも、お洒落を気取って派手派手しいファッションで目立とうとする人はどこにでもいるでしょう。もちろん、その人なりのポリシーやこだわりのある自己表現であれば、それを否定するつもりはまったくありません。それはそれで魅力のある男性も数多くいることは間違いない事実です。ただ、若い女性の気を引くためや、中年になった自分を客観視できていないことによる勘違いで派手なファッションをしているようであれば、それはサムイだけです。

派手なファッションで目立っても、服の印象しか残らないようでは意味がありません。ベーシックでシンプルな装いなのに、その人自身が放つ〝大人の色気〟で、多くの人の印象に残るほうがいいと思いませんか？

ファッションと人物像の関係について、次の四つのタイプを想像してみてください。

①派手な服を着て、派手に見える人
②派手な服を着て、地味に見える人
③地味な服を着て、地味に見える人
④地味な服を着て、派手に見える人

「派手」という言葉は、「色気」という意味に解釈してもいいかもしれません。先に例で挙げた「色気がダダ漏れ」の女性は①のタイプに当てはまるでしょう。②のタイプは派手な装いに人間としての中身が地味で追いついていない人。③のタイプは服にも中身にもいわゆる〝華〟がない人ですね。

僕自身は常に④のタイプでありたいし、それが大人の男性の理想であると考えています。つまり、**服という自分の外側ではなく、人間の中身の魅力、輝きによって周りの人たちに強い印象を残せる男ということです。**ファッションは、あくまで自分自身をより際立たせるためのアイテムということですね。

外側ではなく、中身で勝負する。それが大人の男性のあるべきスタイルです。

「自分」という素材をしっかりと見極める

自分の魅力を出すためには、まず自分自身を知ることがとても重要なことになります。自分のカラダのバランス、サイズ、タイプを見極めるということですね。

身長の高低、髪質、顔の形や大きさ、目の色、体形、手足の長さ——そういったすべてを客観視して自分を知ることで、自分にどんなファッションが似合うのか理解できるようになっていきます。

例えば、僕自身の話をすると、僕の顔は典型的な「昭和の日本人」というタイプです。遊び半分で自分の写真をコラージュしてみたことがあるのですが、明治時代のシックな宮廷服なんかがしっくりはまるような顔立ちなんですね。だから派手なプリント物や柄物なんかはどうやっても似合わない。**僕はそうやって自分自身を客観視することで、自分のファッションのトライ・アンド・エラーを繰り返しながら模索し、自分なりのスタイルを築いてきました。**

自分を客観視するということは、自分の特徴を知るということでもあります。ハリウッドの往年の俳優であるケーリー・グラントは、数々の名作で洗練されたスーツスタイルを披露してきましたが、そのスーツはどれも標準よりも肩幅が大きく作られていたそうです。それはケーリー・グラントが頭の大きい体形をしていたために、顔を小さく見せてカラダとのバランスを調整するためだったとか。自分の特徴をしっかりと把握していれば、そういったバランスの悪さだって、かなりの部分をファッションでカバーすることができます。

逆に、自分の特徴を客観視できていなければ、太めの体形なのに、それをより強調してしまう膨張色の服や、ピチピチのTシャツを着るような失敗をしてしまうわけです。

男性の多くは、鏡を使って自分の体形を細かくチェックするようなことは、あまりしないかもしれません。しかし失敗をしないためにも、**全身がしっかり映る鏡で自分のカラダをチェックすることを習慣にして欲しいと思います。**それで自分の体形やサイズ、バランスを把握して、どんな色や服が自分に似合うのかや、自分を際立たせてくれるファッションについて考えてみてください。初めて着る服は靴まで履いた状態で全身をチェックするぐらいのことは基本です。

自分の体形や特徴を知り、そのバランスに合い、自分の欠点をカバーしてくれる服を着ることはファッションにおいて初歩的なことですが、もっとも大切なことなのです。

僕はよく「カッコいいファッションとは、どういうものか？」と問われた時、〝おにぎり〟を例に出します。美味《おい》しいおにぎりの一番の決め手は何だと思いますか？　それは「お米」の美味しさですよね。どれだけ腕の良い料理人でも、適当に保存された干からびた古米を使ったら、美味しいおにぎりを作ることはできないでしょう。逆に、きちんとした水田で、農家の方々に丁寧に収穫された美味しいお米であれば、それほど手間をかけなくても本当に美味しいおにぎりを作ることができます。そして、そんな本当に美味しいお米で、研ぎ方から炊き方、塩加減、握りの強弱まで、すべてにしっかりと気を配って作られたおにぎりは、間違いなく最高の美味しさになるのです。

つまり、ファッションもおにぎりも大事なのは〝素材〟ということ。もちろん、この〝素材〟という言葉には服の「生地の質」という意味もありますが、それと同時に「自分自身」という意味でもあります。

駄目なお米で作ったおにぎりに最高級の海苔《のり》を巻いたところで美味しくならないのと同じように、自分自身を磨くことなくファッションを表層的にしか捉えられなかったら、〝大人の色気〟なんて出せるはずがありません。知性に裏打ちされた色気を出したければ、こうした「本質」を知ることがまず必要なのです。

スーツスタイルの基本は「信頼感」

大人の男性の装いの基本となるのは、やはりスーツです。スーツスタイルはビジネスマンにとってのグローバル・スタンダード。スーツを正しく着こなせていれば、世界中どこでもちゃんとした大人の男性として見てもらえるはずです。

スーツを着る時に意識して欲しいのは、「相手への敬意を払うこと」と「他人から信頼される装い」ということです。「仕事」という言葉は「事を仕《つかまつ》る」と書きますが、そのためには信頼が何より大切です。ですから、ビジネスマンのスーツは装いとして相手に「信頼感」を与えられるものでなくてはいけません。取引先との初めてのミーティングに、タレントでもないのに林家ペーさんのような全身ピンクのスーツを着てくる人がいたら、どうでしょう?

「この人に仕事を任せて平気なんだろうか?」と、ちょっと不安になりませんか?　目立つという点では成功しているかもしれませんが、相手に「信頼感」を与えるという意味では完全にNGでしょう。また、目立っていたとしても、それは服装が悪目立ちしているだけで、中身の人間の個性、魅力はむしろ印象に残りづらくなってしまいます。

ビジネスマンとして信頼を得るための相応しいファッションについて細かいことを書き出したら、それだけで本が一冊できてしまうほどですが、実際に僕は『世界のビジネスエリートは知っている　お洒落の本質』（集英社文庫）という本を書いているので、ぜひ参考にしてください。ここではスーツスタイルの本質に繋がる基本的なことを紹介していきたいと思います。

まず、**ビジネスの場に相応しいスーツの色はグレーとネイビーです。**グレーやネイビーにも色の濃淡がありますが、季節に合わせて夏場は明るい色合いで涼しげに、冬場はダークな色合いで重厚に見せるように使い分けることができればベストです。とりあえずは一番着られる時期が長い、中間のミディアムグレーとミディアムネイビーを選びましょう。

シャツは無地の白かサックスブルー。白だけでもいいぐらいですね。襟はオーソドックスなセミワイドスプレッド。タイもあまりに派手な色や柄物は避けましょう。

「他人の視線を服ではなく自分自身にフォーカスさせる」という観点から見ると、派手な色やデザインは逆効果です。

このようにスーツスタイルのポイントになるのも、あくまで「シンプルでベーシック」ということです。実際、世界のリーダーと呼ばれるような人たちのスーツスタイルは、奇をてらったものではなく、こうしたベーシックなものになっているはずです。**自分自身のスタイルが確立されている人は、服装ではなく、自分自身にフォーカスが当たる着こなしを自然にしているんですね。**

スーツをカッコよく着こなしている男性のもっともわかりやすいロールモデルを挙げるとするならば、世界を股にかけて活躍する英国諜報《ちょうほう》部員ジェームズ・ボンドでしょう。

「それは現実じゃなくてフィクションのキャラクターでしょ」というツッコミが聞こえてきそうですが、**これまでジェームズ・ボンド役を演じてきた歴代の俳優たちは、時代によって多少の差異はありますが、誰もが見事なまでに完璧なスー**

ツスタイルを披露してきました。

それもそのはずで、そもそもスーツはロンドン中心部にあるサヴィル・ロウで生まれたものです。「サヴィル・ロウ」は日本語の「背広」の語源と言われていますが、つまりスーツのルーツはイギリスにあります。そして、英国人作家イアン・フレミング氏が創作した007ことジェームズ・ボンドは、イギリスが生み出したポップカルチャーのアイコンであり、世界でもっとも名前が知られた英国紳士のひとり。イギリス発祥のスーツスタイルがカッコよく決まるのは、英国紳士であるジェームズ・ボンドを演じる上で最低限の必須条件なんです。

現在、六代目となるジェームズ・ボンドを演じているのは、イギリス出身の俳優ダニエル・クレイグ。彼が『カジノ・ロワイヤル』『慰めの報酬』『スカイフォール』『スペクター』と、ボンドを演じたそれぞれの作品で見せるエレガントでありながら色気に溢れる現代的なスーツスタイルは、まさにお手本にぴったりです。

そんなダニエル・クレイグが作中で着ているのが「トム・フォード」のスーツ

です。「トム・フォード」のスーツはイタリアの最高級紳士服ブランド「エルメネジルド ゼニア」と提携しており、同ブランドの最高品質の素材を用いて仕立てられています。

この「エルメネジルド ゼニア」のスーツはまさにグローバル・スタンダードと言えるスーツスタイルを提供していて、世界中のエグゼクティブクラスの人々が愛用しています。そんなスーツを自分の体形に合わせてオーダーして仕立てられれば言うことはありません。ただ、値段を考えると一般のビジネスマンが普段使いできるような金額ではないので、さすがにハードルが高いという方もいらっしゃるでしょう。僕も含めて誰もが湯水のようにお金が使えるわけではありませんし、いかに賢くお金を使うか、その優先順位を知ることも知性です。自分の身の丈に合ったものを選ぶということも大切ですし、スーツがウン十万円する最高級品でも、シャツや靴がチープな粗悪品だったらむしろ不格好なスタイルになってしまいます。

ただ、「エルメネジルド ゼニア」は難しいとしても、**大人の男性であれば一着はオーダーでスーツを仕立てるべきです。**スーツをオーダーするということは、頭の大きさ、首の長さ、肩幅、胸、ウエスト、脚の形や長さ——そんな全身をサイジングして自分のサイズ、バランスに合ったものを仕立てるということです。人間のカラダは顔と一緒で十人十色。体形のタイプ、サイズ、バランスがまったく同じという人間はいないんです。ですから、おおよその最大公約数の平均値で作られた既製服より自分のカラダに合わせて仕立てたスーツのほうがぴったり似合うのは当たり前の話なのです。そして、体形のバランスの悪さはファッションでカバーすることができるということをお話ししましたが、そういう意味でオーダーで仕立てるスーツほど自分の体形的な難点をカバーしてくれる服はありません。つまり、**オーダーで仕立てたスーツは自分の体形をもっとも美しく見せてくれる服と言えるのです。**

テーラーで全身を採寸するフルオーダーが難しければ、セレクトショップなどでパターン・オーダーをするという手もあります。これは部位ごとにサンプルのパターンがあって、自分のサイズに合わせて微調整を加えて仕立てるというもので、フルオーダーに比べれば価格はぐっと下がります。

僕がこうしてオーダーのスーツを強くおすすめするのは、やはり大人の色気を出すためには、「上質を知る」ことが必要だからです。自分のカラダにぴったりと合い、スタイルを美しく見せてくれる上質なスーツを着る喜びや快感は経験してみないとわからないものです。それは自分自身を誇らしい気持ちにさせ、自信にも繋がり、表情や所作へと自然とにじみ出てくるでしょう。つまり、**上質なスーツを着ることは、自分自身をも高めてくれることになるのです。そして、それは一緒にいる人に間違いなく「信頼感」と「敬意」を与えます。**

スーツをカッコよくビシッと着こなしていれば、「この人、仕事を終えてスーツを脱いだらどんな感じなんだろう?」なんて、「信頼感」のあるスーツ姿とは逆の、緩んだカジュアルな姿を見てみたいと思わせることもできるはず。「色気」には、この〝相手に想像をさせる〟ということも重要なポイントなんです。

スーツをカッコよく着こなしている男性が、「休日にはラフなジーンズ姿」とい

うギャップが見えると、〝人間の幅の広さ〟が垣間見《かいまみ》られます。ギャップで人を惹きつけるには、いつもと違う姿を見せようとするのではなく、普段から「信頼感」を与えることが大事なのです。

多くの粗悪なものより少しの良いものを選ぶ〝エコラグ〟

スーツに限った話ではないのですが、**上質なものは基本的に長く使うことができます。**安いものを何着も買うのではなく、良いものを長く大切に使うというのが僕のスタンス。それは結果的に節約になり、減価償却ができるのでむしろ経済的なんですね。「安物買いの銭失い」なんていう言葉も昔から言われています。

こうした**上質さを大切にしながら経済的でもあるスタイルを僕の造語で〝エコノミック・ラグジュアリー〟と呼んでいます。略して〝エコラグ〟。**

今はもうかつてのような大量生産、大量ストック、大量消費という時代ではありません。良いものを長く大切に使うことは、サステイナビリティであり、限りある資源を有効に使うというグローバルな視野の広さにも繋がっていきます。そして上質なものを買えば、それだけ愛着が湧くのは当然ですし、扱いやお手入れにも気を遣うようになるでしょう。**〝ものを大事にする精神〟は現代社会を生きる大人であれば、わきまえるべき姿勢のひとつだと思います。**

先ほどスーツの着こなしのお手本としてジェームズ・ボンドを挙げましたが、そんなボンドが任務で守っているのが英国王室ですね。スーツの発祥・イギリスという地の頂点である、英国王室のチャールズ皇太子のファッションは、まさにスーツスタイルの原点とも言うべき美しさがあるのですが、彼は同じスーツを長く大事に使っていることでも知られています。どれだけ上質なスーツでも、長年愛用していれば、ひじの部分などが擦り切れてくることは防げません。そうなってしまったら、普通は捨ててもおかしくないのですが、チャールズ皇太子はそんな擦り切れた部分にあて布をして着ているんですね。それでいて〝貧乏臭さ〟を感じさせず、エレガントな雰囲気を保っています。こうした、**ものを大事にして**

長く使っていく姿勢は英国王室にはしっかりと継承されています。それが、伝統ある英国王室が信頼される理由のひとつにもなっているのではないでしょうか。

もちろん、上質なオーダースーツを買って長く大切に着るのがベストだからと言って、吊《つ》るし（既製品）のスーツを否定するわけでは当然ありません。現在は、百貨店、紳士服量販店やセレクトショップ、スーツストアなどでも、安価で良いスーツを購入することができます。ただ、その良し悪しを自分で見極められるようにはしておきたいところです。

「これが今、流行っているんですよ」なんて言う店員の言葉に流されて、ぼんやりと選んでいるようでは良くありません。それこそ先にも紹介した拙著『世界のビジネスエリートは知っている お洒落の本質』を参考にしていただきたいのですが、知性とは「知りたい」という好奇心を持つことでもあります。**スーツについての基本的な知識を得て、自分のカラダを知り、どんなスーツが似合うのか、自分は他人からどう見られたいのか、自分自身がどうなりたいのか、そういうことをちゃんと考えてからスーツを選ぶようにしたいですね。**そして、そこから年齢を重ねて、経済的な背景や環境の変化に合わせて、徐々にグレードの高いものを揃えていって、自分のスタイルを完成させていきましょう。最後は、いろいろなアイテムをフルオーダーで楽しめるような男性になっていきたいものです。

　ちなみに、シャツはどういうものが良いのかと問われれば、シャツもオーダーがベストという答えになってしまうんです。というか、身もフタもありませんが、およそ服というものは、自分のカラダに似合うものをという原則に従えば、すべてオーダーが良いに決まっています。とはいえ、もちろんそういうわけにはいきませんよね。

　実際、シャツは大切に着ていても汚れやすいものですし、どうしても徐々に傷んでいくものです。**そこでシャツは消耗品と割り切って、安価でも上質なものを複数枚揃えて使い分けていくのがおすすめ。**〝エコラグ〟はスーツのように長く使えるものにはしっかりお金をかけて上質なものを選ぶ一方、消耗品のようなものはコストパフォーマンスを考えて安くても良質なものを選ぶということでもあります。僕が普段から愛用している「ARCODIO《アルコディオ》」は、本格的なイタリア仕立てのシャツですが、一着六千円ぐらいのお手頃な価格です。

実は、シャツのルーツは下着です。十六〜十七世紀のヨーロッパで、上着に切れ目を入れ、下着を見せるファッションが流行しました。その時に、人に見せるようになった下着がシャツです。一九三〇年頃にトランクスやブリーフができる前には、裾の部分が長くなっており、今でいうパンツの役割も果たしていたといいます。

それを考えても、**一般のビジネスマンが何万円もするシャツを日常的に使うのはちょっとやりすぎというものでしょう。**それに、シャツは下着であるという考えがあるから、僕はシャツの下にTシャツやタンクトップを着ることはありません。シャツからTシャツやタンクトップのラインが透けて見えていたら、それこそセクシーさに欠けるというものです。

良質なものがいつまでも着られるアイロン術

ワンランク上の着こなしを目指すのであれば、アイロンがけを自分でする習慣をつけると良いでしょう。僕は職業柄もあるのですが、毎朝アイロンをかけることが、日課のひとつになっています。日本では男性の場合、あまり自分でアイロンがけをしないという人も多いかもしれませんが、大人の男性であれば、自分で着る服の手入れぐらいは自分でしっかりできるようになりたいものです。

特にスーツスタイルでは日々のアイロンがけは重要になります。僕はスーツを着用する前には必ずアイロンをかけています。なぜなら、**平面を見せる和服と違い、洋服は立体感が命。**スーツであればラペル（襟から続く胸部の折り返し部分）、シャツであれば襟の折り返しの部分が、ふんわりと丸くロールしていて立体的になっていることで、エレガントな雰囲気が出てくるのです。もちろん、しっかりしたものであれば、最初から美しいロールができるように仕立てられているのですが、何の考えもなしにクリーニングに出していたら、立体感が欲しいところまでしっかりプレスされてぺしゃんこになって戻ってきます。それをそのまま着ていたら、どれだけ上質なスーツやシャツであっても安っぽく見えてしまうんですね。しかし、**つぶれてしまったロールも裏側から平らに伸ばしてアイロン**

でプレスをすることで、ふんわりとした立体感を戻すことができます。そのほかにもクリーニング屋のアイロンでつけられてしまった余計なラインを伸ばしたり、もっこりと出てしまった膝なんかもアイロンがけをマスターしていればすぐに直せます。そんなちょっとした一手間が、服の美しさや清潔感をさらに高めてくれます。自分の着ている服にアイロンがけをすることで、愛着と「大切に着よう」という気持ちも湧いてくるのです。

良い服を買ったなら、良いアイロン、良いアイロン台もぜひ揃えてください。僕が愛用しているのは「ティファール」のスチームアイロン。アイロン台は立ったままでサッとアイロンがけができる背の高いものを使っています。ワンランク上のお洒落をしたいと思うのであれば、アイロンは必須アイテムなのです。

「TPO」を意識したファッションで、もてなしまで考える

〝大人の色気〟を演出するためファッションにはTPO「Time」「Place」「Person」「Occasion」を意識することが不可欠です。一般的によく使われるTPOはご存じでしょう。TPOは、「どんな時に、どんな場所で、どんな目的で」というTPOに「どんな人と＝Person」をプラスしたものです。誰と会うのかということを踏まえ、その相手のことを考えた装いをするということですね。

例えば、海辺のレストランのランチデートや休日に友人同士でバーベキューをするという時に、ヒョウ柄のワンピースに黒のエナメルのピンヒールという格好や不動産の営業マンみたいなガチガチのスーツを着てこられたら困るじゃないですか？　その場で浮くことはもちろん、周りの人からも奇異の目で見られるかもしれません。一緒にいる人に恥ずかしい思いをさせることにもなりかねません。

TPOを踏まえずその場になじまないファッションは、一緒にいる人を不快にさせたり、不安にさせてしまうことがあるものなんです。そうなってしまえば、もちろん〝大人の色気〟なんて出せるはずもありません。

　では、場になじむファッションとはどういうものでしょうか？　先に挙げた「海辺のレストランでランチデート」というシチュエーションを考えてみましょう。その風景にはどんな色合いや雰囲気を想像しますか？　おそらく多くの人は海や空の青、雲や波の白、爽やかな潮風や穏やかな太陽の光なんかをイメージしますよね。**場になじむファッションとは、そんな風景の色合いや雰囲気に溶け込むような色使いや素材を意識した装いということです。**そうした場になじんだファッションが一緒にいる人に心地良さや安心感を与え、その心地良さや安心感が自然と多くの人を惹きつける〝大人の色気〟にも繋がります。

　自分を知り、自分に合う服を選ぶことがファッションの第一条件だということは先ほど述べた通りですが、それと同時に一緒にいる人が心地良く感じ、安心できるような服を着るということも大人の色気のためには大事なのです。

　イタリア人は素敵な人を形容する時に「エレガンテ」という言葉を使います。この「エレガンテ」という言葉には「ナチュラーレ」という真意が込められています。つまり、自然体。悪目立ちするのではなく、その場の風景に自然になじんでいることが、大切なんですね。そして、風景になじむということは〝絵になる〟ということです。そのためには、TPOのすべてをしっかり考慮した上で全身のコーディネートとその演出まで作らなくてはいけません。ちょっと上級者向けかもしれませんが、**そこまでいかなくても一日の装いを決める時に、季節や時間帯、場所の光に応じて色の明るさを考えてみるなど、TPOを踏まえた上で場になじむ装いを意識するようにすれば、自然体の魅力が引き出されるはずです。**

大人のスタイリングの基本は〝引き算〟

その場になじむ洋服を着こなそうとすれば、もちろん色使いが大切なポイントになります。**そこで基本的な色使いとして僕が提案しているのが〝干場八色〟です。それはネイビー、グレー、ブラウン、白、水色、ベージュ、黒、デニムの八色。**ごくオーソドックスな色ばかりですが、〝絵になる〟ことを考えれば、風景になじんで自然と調和する色使いをマスターすることが、まずは大事です。〝干場八色〟は女性ファッション誌で最初に提案したものですが、男性なら水色とベージュを除いた六色でもいいかもしれませんね。そして**全身のコーディネートで使う色は多くても三色まで。ひとつの同系色でまとめてしまっても良いぐらいです。**いろんな色が入ってしまうと統一感が損なわれますし、子供っぽく落ち着きがない雰囲気が出てしまいます。

大人の男性のスタイリングの基本は〝引き算〟。自分自身という中身の個性、魅力を引き立て、かつ大人の色気を出すためには、ファッションについてはできるだけ〝引いていくこと〟を意識してください。

アクセサリーについても同様。そもそも大人の男性がごてごてのアクセサリーをつけている姿は、どうしても「やりすぎ」という印象を与えてしまいます。指輪だったら結婚指輪だけをサラッとつけているぐらいが一番カッコいい。ネックレスやブレスレットは僕も一通り持っていますが、ネックレスをつけるならブレスレットはしないというように引いていきます。ここでも〝さりげなさ〟と〝自然体〟というのがポイントです。いい歳《とし》をした男性が派手なピアスをいくつもつけて、ごついリングとブレスレットを重ねているような装いをしていたら、「この人、一体何をしている人かしら？」なんていう余計な不安感を与えてしまうかもしれません。**アクセサリーは自然体で、つけすぎないほうが良いのです。アクセサリーに目をいかせるのではなく、あくまで自分自身の魅力を引き立たせることを考えましょう。**

腕時計も「この男性はどういう人なのか」を判断されるポイントになります。特に海外ではさまざまなシチュエーションで服装と同様に腕時計によってクラス感が判断されることが少なくありません。シックなスーツを着ているのにカジュアルな腕時計をしていたらやはり浮いてしまいますし、ここでもＴＰＯが重要です。そもそも携帯電話やスマートフォンがあれば、正確な時間はいつでもわかります。そこであえて腕時計をしているということは、ひとつの主張でもあるわけです。**実用性や頑丈さ、機能美、性能、デザイン——自分がなぜこの腕時計をつけているのか、どういうところが好きなのか、ちゃんと人に語れるようであり**

たいものです。そして、全世界の人が同じように身につけるものだからこそ、グローバル・スタンダードなものをぜひ。エコラグの観点からも多少高価であっても決定的な一本を選ぶことをおすすめします。

良い腕時計をしていれば、やっぱり人から見られるんですよね。「良い時計ですね」なんて話題にされる機会は必ず増えます。そういう時に〝分不相応〟と思われたくないでしょう。良い時計を日常的に身につけていることで、「この時計が似合うような男になろう」という心構えができてくる。軽率な振る舞いを避けるようになったり、積極的にリーダーシップを発揮するようになったり、日々の行動が自然と変わってくるんです。**良いスーツと同じで、時計も自分のグレード感を上げてくれるアイテムです。**腕時計を選ぶ時は、そんな〝自分の未来への投資〟という視点も必要なのです。

流行よりも〝基本〟を知る

ファッションに限らず、あらゆる領域で共通していることですが、**最初は基本**

を知ることから始まります。「楷書体《かいしょたい》を書くことができなければ、行書体を書くことができない」という言葉がありますが、これは日本のメンズファッション業界で長年活躍されている赤峰幸生《あかみねゆきお》さんが、〝何かを学ぶ〟時のことを表現したものです。つまり、一画一画をきちんと書いていく楷書体が書けなければ、続け書きをする崩し文字の行書体は書くことはできないということ。〝型破り〟も基本の型を知らなければ、破ることはできないんですね。ファッションにおいても、基本の型を知らないのに小手先だけでなんとかしようとした結果の失敗は、よくあることです。**ファッションがわからないという人も多いと思いますが、はっきり言ってしまうと流行を追う必要はありません。**同じように高級ブランドで身を包む必要も当然ありません。逆に歳を重ねた男性がそういうところにばかりこだわっていても、顔や体形がどうしても追いつきませんから、「ずいぶんと若作りしているおじさんだな……」なんて思われてしまう。それもある意味、人に不安感を与える要素になってしまいますよね。

そこで改めて強調しておきたいのが、〝素材〟を見極めることの大切さです。

先におにぎりのたとえで、自分という素材を知ることの重要性について触れましたが、ファッションにおいても素材の良し悪しが最初にくるものです。どんな服でも素材となる生地が良いものでなければ、上質なものはできません。ですから、ファッションにおいての本質とは、この〝素材〟を見極めることだと僕は考えています。

素材が良くなければ、色も着心地も良いものはできません。**素材が良い上質な服を着ていれば、その心地良さは自然と相手にも伝わるものです。「一緒にいる相手に心地良さと安心感を与える」という点でも素材選びは重要なのです。**そっと手を回した時、軽くハグをした時のちょっとした感触でも素材の良さは伝わります。それが上質な素材であれば、相手にちょっと幸せな気持ちを感じさせてあげられるかもしれません。その時、その相手はどんな笑顔を見せてくれるのか。そういうところまで考えて、素材と服を選ぶようにして欲しいですね。それがTPOの「Person」を意識するということです。

ファッションの流行やブランドにこだわる必要はないと書きましたが、**基本の**

型ということであれば、大人の男性なら次の〝四つのスタイル〟が似合うようになれば事足ります。

それはビジネスシーンのスーツスタイル、休日のTシャツ&ジーンズ、水着、そしてフォーマルなタキシードです。

スーツについては前述した通りですね。Tシャツ&ジーンズ、水着については、自分のカラダのラインがはっきりと見えてしまうものだから、そもそもの根本である「健康な肉体の管理と維持」が重要なポイントになってきます。しっかりとたくましく鍛えられた裸の上半身にジーンズというスタイルは、身近な人にしか見せない姿かもしれませんが、男性のセクシーさを見せる最たるものと言えるでしょう。

そして、最終的なゴールとして、きちんとタキシードが似合う〝色気のある男性〟を目指したいところです。実際のところ、タキシードを着る機会というものはそんなに多くはないと思いますが、そういったフォーマルなシーンを何度も体験することでしか得られない経験値があるのも事実です。そんな経験を積んでタキシードを自然体で着こなせるような男性は、シンプルな白シャツにジーンズ姿でどこかのガード下でお酒を飲んでいる時でも、その雰囲気がにじみ出てくるものです。そして、それがまた〝人間の幅〟であり、魅力になっていくんです。

ちなみに、この四つのスタイルが似合う男として僕がすぐに思い浮かべるのは、再びのご登場になってしまうのですが、ジェームズ・ボンドなんですね。

普通の中年男性がダニエル・クレイグのようになるのはいくらなんでも難しいですが、**〝カッコいい〟と憧れるような理想の男性像を持つことはとても大切です。**そのゴールがどれだけ高くても、そこに近づくためにはどうすればいいのか考え、学んでいって自分を高めるためのスタイルを作っていく。**その「自分自身を磨いていく」という姿勢がなければ、目指すべき大人の色気を持った男性には到底なれないと思うのです。**

COLUMN

日焼けとヒゲで演出

色気のポイント

日焼けとヒゲで
平面的な顔を立体的に！
男性ならではの
「色気」を演出する効果も

日に焼けた肌とヒゲは僕のトレードマークといってもいいかもしれません。

実は僕が日焼けをするようになったのも、ヒゲを伸ばし始めたのも、ファッションとしてではなく、もともとは切実な理由があってのことでした。

僕は幼少期に軽度のアトピー性皮膚炎があり、全体的に肌質も弱くて悩んでいたんです。それが、とある皮膚科の先生に「日焼けをしてみたら？」とアドバイスされ、林間学習の時に皮が三回剝《む》けるほど日焼けしたら、すっかり治ってしまったのです。それからは定期的な日焼けが習慣となりました（日焼けはすべての人におすすめするわけではありませんが）。ヒゲについても、皮膚のカミソリ負けでアトピーが悪化しひどくなることが伸ばし始めたそもその理由なんです。

そんな色気のない理由で始めた日焼けとヒゲですが、**どちらも男性ならではの色気を演出できるポイントでもあります。**女性の「丸みのある柔らかいカラダ」に多くの男性が惹かれるように、基本的に男性でも女性でも「自分たちの〝性〟にないもの」に魅力を感じるものです。**そういう意味でもヒゲは男性ならではのセクシーな色気を演出できるポイントといえるでしょう。また、健康的な日焼けも男性らしいワイルドさを印象づけることに繋がります。**

もちろん、そこには清潔感と自然体が求められることはいうまでもありません。日焼けはあくまで不自然にならないレベルにし、ヒゲについては平日のスーツの時は、口ヒゲが三ミリで顎ヒゲが五ミリ、休日は口ヒゲ四ミリに顎ヒゲが六ミリになるように毎日の手入れは怠りません。

日焼けやヒゲは日本人の平面的な顔に陰影をつけて立体的に見せたり、薄毛を目立たなくするという効果もあります。とり入れてみる価値はあると思いますよ。

PART

2

仕事編

仕事への姿勢を変えると“色気”が出る

仕事ができない男に色気はない

前章では、清潔感や身だしなみ、ファッションの側面から、相手に「安心感」「心地良さ」を与えることが、「色気」の前提条件であることをお伝えしました。

これは当然、仕事という面においても大事なポイントです。

「一緒に長い時間を過ごしたい」

「この人なら幸せにしてくれるかもしれない」

女性にそんな安心感を与えるためには、しっかりとした生活力を持っていることが必要不可欠です。それは、継続的に安定した収入が得られるということであり、つまり、〝仕事ができる〟ということです。

では、仕事で大きな成果をあげるのに一番大事なことは何でしょうか？　仕事によって必要とされる能力が違うので一概には言えませんが、どの仕事にも必要なのは「仕事仲間からの信頼」だと思います。「取引先から仕事ぶりが評価されて新しい依頼が来る」「同僚と役割を分担しながらひとつのプロジェクトを成功させる」など、**現代社会において、ほとんどの仕事は「仲間からの信頼」がなければ成功しません。つまり、仕事仲間からも〝モテる〟男である必要があるのです。**

仕事仲間からの信頼を得るためには、もちろん「安心感」が前提になることは言うまでもありません。不安だらけの人に仕事は任せられませんよね？

つまり、恋愛においても仕事においても、「安心感を与える」という本質は同じなのです。そのために、仕事着であるスーツをしっかり着こなすことの大切さは、前章で述べた通り。

自分の仕事をしっかりと仕上げると、「この人には仕事を任せても大丈夫だ」という安心感が生まれ、またさらに新しい仕事をこなしていくうちに「安心感」

は「信頼」へと変わっていきます。その信頼に応えていけば、より大きな仕事が入ってくるようになるのです。そんな人のもとには、自然と人が引き寄せられていくはずです。その繫がりがまた新しい仕事になり、さらに多くの人との繫がりを生み出していく――。

仕事ができるということは、このように多くの人を惹きつける魅力があるということなのです。この「人を惹きつける内面の魅力」こそ、〝大人の色気〟〝色気力〟だと僕は思います。

この章ではビジネスシーンでも〝モテる魅力のある男〟になるための方法を、僕の経験を踏まえて述べさせていただきたいと思います。

信頼されるために努力した新人時代

高校を卒業後、大学へ進学しなかった僕は、知り合いのツテを使って「BEAMS」でアルバイトをするようになります。そして、アルバイトに明け暮れていた十八歳の時に、『POPEYE』のスタイリストだった坂井達之《さかいたつゆき》さんに声をかけられて、読者モデルを始めました。坂井さんに影響を受けたこともあり、当時は「スタイリストになってファッション業界に携わっていきたい」なんて思っていました。

そんな頃、読者モデルとしての仕事を続けるうちに、「ファッションエディター」という仕事の存在を知りました。お洒落な洋服に囲まれ、一流のスタイリストやカメラマンがカッコいい写真を撮るために真剣に働いている現場。ファッション好きの僕にとっては〝楽園〟ともいえるその現場をとり仕切っている「ファッションエディター」の姿に強く憧れました。

その後、自分が表紙に出させてもらった雑誌のモデルの仕事で、編集長と知り合う機会がありました。そこで、このチャンスを絶対に逃したら駄目だと思い、**その場で「編集者にしてください。ファッションのことでしたら誰にも負けません！」と土下座しながら大見得を切りました。**それでなんとか下働きとして働かせてもらえるようになったんです。それがワールドフォトプレスの『MA-1』というファッション情報雑誌で、その編集長が冒頭でお話しした大矢敏雄さんでした。働き始めてからの僕は誰よりも早く編集部に行って掃除をしたり、下働きと思える仕事も夢中でこなしたりしているうちに認められて、晴れて正式に社員にしてもらえました。それが二十歳の時。編集者としてのキャリアの始まりですね。

大卒が当たり前のマスコミ業界。土下座してなんとか入社した高卒の僕は、上司から見たら「安心感」なんてひとかけらもない部下だったでしょう。僕としても高卒であることにコンプレックスを感じていて、二年後に入社してくるであろう同い年の大卒編集者に、絶対に負けたくないと思っていました。**そのため、この二年で彼らに負けないためのスキルを身につけようと燃えていたのです。**

〝肝〟を意識して「最短距離」を進む

最初に僕がとり組んだのは、いかに効率的に仕事をするかです。ワールドフォトプレスに入社して最初の仕事は、雑誌の巻末の懸賞ページでした。プレゼントの写真とその説明があるだけの簡単なページなのですが、入社したての頃はそのページを何十時間もかけて作り、上司に出来の悪さを指摘されてまた書き直す、ということの繰り返しでした。

僕が苦労して一ページを作っている中、僕を会社に入れてくれた大矢さんは三十ページぐらいをすごいスピードで作り上げて、

「干場、飲みに行くぞ」

なんて声をかけてくれました。内心「まだ仕事終わっていないのに……」などと思いながら、こんなにたくさんの仕事をこなして、部下の面倒もしっかりと見てくれる大矢さんのことを「カッコいい大人だな」と思っていました。

そんな大矢さんのように、**たくさんの仕事をこなすためにとり組んだのが「肝《きも》（＝とり組む仕事で一番大事な部分）」を意識することです。この〝肝〟という言葉は、のちに出会う『LEON』の創刊編集長の岸田《きしだ》一郎《いちろう》さんから教えてもらったものです。**先ほどの懸賞ページでいうならば、「読者にいかに懸賞のプレゼントが欲しいと思わせるか」が肝なんです。肝を意識すれば「このプレゼントの魅力はなんだろう？」「どういうシチュエーションで使うことをおすすめすれば、読者の興味を引くことができるだろう？」と、大事な部分をクリアする方法が自

然と見えてきます。ただスピードだけにこだわっても、質の低い仕事になるだけですよね。ポイントを押さえて仕事ができれば、質の高い仕事ができる上に「時短」にもなります。

この〝肝〟を意識するという考え方は、どんな作業にでも応用できます。「この会議で大事なことは何なのか？」「今している作業は、なんのための作業なのか？」など、〝肝〟を意識することで「質」と「時短」が両立できます。岸田さん流に言うのであれば「〝肝〟を肝に銘じよ」ということなんですね。

「時短」への意識が働き方を変える

〝肝〟を常に意識して、僕はさまざまな「時短」のための習慣づけをしました。「メールはすぐ返信して、だらだら長い文章を書かない」「企画などのアイデアは、移動中や日焼けマシンの中など、空いた時間に考える」など、常日頃からどうやれば効率的に仕事ができるかを考えてきました。そうして仕事を続けるうちに大卒の社員が入ってきましたが、入社後の二年間で圧倒的なスキルの差をつけるこ

とができ、同僚からも信頼を得られるようになったのです。

「時短」を心がけるということは「時間を作る」ということ。時間を作ることができれば、さらに「仕事をする時間」を増やすこともできるし、自分を磨くために勉強をすることもできます。リラックスして休んでもいいし、そこでクリエイティブな発想が生まれることもあるんです。**「時短」によって「余裕」を作ることは、周りの人に安心感を与えることに繋がります。そして、それが「色気力」に結びつくのです。**

また、僕は働くすべての人に「時短」というものをもっと意識して欲しいと思っています。会社勤めをしている人は毎月決められた額の給料をもらえますよね。そのため、「自分が時間給にしてどのぐらい稼いでいるのか」「自分の仕事に無駄はないのか」を意識していない人が多いのではないでしょうか？

その意識を変えるためには、稼ぎたい年収を手に入れるためにどれぐらいの利益を出せばいいか計算してみることがおすすめです。

例えば、「年収一千五百万円稼ぎたい」と思った場合。一年で一千五百万円ということは一カ月あたりにすると、十二で割って百二十五万円という計算になります。これは一カ月で働いている日数として二十三で割ると約五万四千円。つまり、この金額が一日に稼がなくてはいけない金額ということになるんです。一日に働く時間が八時間だとすれば、時給六千七百五十円ほど稼ぐ必要がある。そこで、現状の時給はいくらなのか改めて算出する。自分のスケジュールを週間、月間、そして一日の時間割で確認して、理想の収入に近づくために必要な金額分だけの仕事ができているのかをチェックする。不足するようなら帳尻を合わせるための新しい仕事を探そうという意識が芽生えますし、逆にどのくらい余暇の時間を作ることができるのかもわかります。

さらに会社は給料以外にも社会保障費などの会社負担分のほか、福利厚生や設備維持、直接利益を生み出さない間接部門を運営していくための費用がかかるため、生産部門にいる社員は給料以上の金額を稼がないと会社は赤字となって成り立たなくなります。一般的に会社勤めをしている人は「給料の三倍稼げ」と言われますが、**自分の仕事がどのぐらい会社に利益をもたらして、そこからどのぐらいの額を給料として配分されているのか把握できていないようではビジネスマンとして失格です。**

現状をしっかり把握すると同時に、目指すべきゴールから逆算すること。人材を管理するマネージャーであれ、仕事を割り振られる立場のヒラ社員であれ、最短距離で目標に到達するという意識を持って仕事にとり組むことは〝デキる男〟になるための必須条件なのです。

ビジネスシーンで大人の色気を生む〝現場力〟

雑誌の編集者時代に必要性を痛感した能力がもうひとつあります。それは状況を瞬時に理解して、その場ですぐ適切な対応をする〝現場力〟とも呼べる能力です。「取材先で、相手と友好的な関係を築いて現場を成立させる」「大勢の前でプレゼンして企画を通す」「取引先との商談を成功させる」など、**人の前に立って周囲の求めに的確に応じる能力は運動神経みたいなもので、ビジネス本をどれだ**

け読んでも身につきません。トライ・アンド・エラーを繰り返して、「今はどういう状況なのか？」「相手が何を求めているか？」「どうやったら相手が喜んでくれるか？」を掴《つか》んでいくしかないんですね。

僕は『MA-1』を担当した後、『モノ・マガジン』を経て、二十三歳の時にエスクァイア マガジン ジャパンに入社しました。そして『エスクァイア日本版』のファッション担当の編集者として仕事をするようになったのですが、そこで〝現場力〟が鍛えられました。

『エスクァイア日本版』は海外で取材をすることが多く、入社してすぐの僕も、海外での取材を命じられました。最初の取材では、僕以外の取材クルーはすでに現地に着いていて、「ドイツへ行って、取材クルーと合流してきて」とだけ編集長から言われるんです。海外経験もなく、ドイツ語どころか英語さえもしゃべれないため、海外で使える英語のフレーズ集が載った本を片手になんとか取材先へと着きました。

こうして不慣れな場所に放り込まれると、「現地の人はどういう生活をしていて、どのタイミングで話しかければいいんだろう？」「言葉の通じない人に認めてもらうにはどうすればいいのか？」といった周囲の状況を見抜く観察力が身につきます。ドイツへ行ったあとは、ひとりで取材を任されることも多くなったのですが、海外での取材経験を経て〝現場力〟が磨かれたと思います。

〝現場力〟を磨くためには、仕事でも何でも、自分から率先して新しいことをどんどんやっていったほうがいい。例えば、新しいプロジェクトが動くことが決まって、それを誰が担当するのか決まっていないという状況があったら、誰よりも早く、「僕がやります」と手を挙げるべきです。

それが難しい案件で「自分にできるのか」と不安があったとしてもです。どうなるかわからない先の結果はさておき、そうした難しい案件を自分に任せてもらうことができれば、それだけでひとつの〝勝ち〟なんですよ。**そこで味わった不安や緊張を乗り越えていくことで、〝現場力〟は養われていくものです。**

僕も二〇一〇年にファッションディレクターとして独立してから、現在に至るまで、お話をいただいた仕事をお断りしたことはほとんどありません。それは自分がまだまだ仕事をお断りできるような立場ではなかったということもありますが、できることは何でもやってみようという気持ちが強くあったからです。

トークイベントの仕事、ブランドのコンサルティングやプロデュース、テレビのファッションチェックのリポーター、ラジオのメインパーソナリティ、イベントの司会、スタイリスト、映画出演――本当にいろんなことをやってきましたし、これからもやっていくつもりです。人によっては、「干場の本業は一体何なんだ!? チャラチャラしやがって、いろんなことに手を出して節操がない」なんて言うかもしれません。でも僕は一切気にしない。経験を積んで〝現場力〟を磨くことが何より大切だと思っているからです。

〝自分の言葉〟と〝摑み〟で人を動かす

経験値を高めて場数を踏むことで〝自分の言葉〟が得られます。

これも仕事・恋愛のどちらにも通じることですが、マニュアル通りの借り物の言葉では、やはり人の心は動かせません。自分の経験から生まれてきた言葉ほど、強いものはないのですから。例えば、「あの映画は名作だよ。有名な映画祭でも賞をとっていてね……」と言われるよりも、「あの映画はほんとおもしろいよ。主人公が最後に勝つシーンでは感情移入しちゃって思わず涙が出ちゃった」と言われたほうが「この映画観《み》てみたい」と思いませんか。実感の乏しい聞きかじったような言葉ではなく、体験した時の感動が伝わるような〝自分の言葉〟にこそ人は心動かされるのです。

そんな〝自分の言葉〟を適切な状況、適切なタイミングで発することで初めて、人の心や場の空気を摑むことができるようになります。

これは独立した後に、テレビやラジオ、イベントなどのトークの仕事をするようになって感じたことなのですが、タレントの方は周囲を観察し〝自分の言葉〟で話す能力が非常に高いです。

『OCEANS』の副編集長として僕がイベントに出演した時、峰竜太《みねりゅうた》さんとご一緒させていただくことがありました。「モテるとは何か」をテーマにトークを進めるイベントだったのですが、峰さんは第一声の「こんにちは！」でお客さんの心を摑んでしまいました。いわゆる〝摑み〟というものなのですが、おそらく長年の経験からどのぐらいの声量やテンションで挨拶すれば、お客さんが湧くかを知り尽くしているんですね。その後も「お洒落なんだけど、奥さんから良く思われていない」といった、実感がこもっていて思わず笑ってしまうような自虐ネタで、会場を盛り上げていました。簡単なように見えますが、自分がどのように周囲に見られているかを理解して、どのように話せばいいかイメージができていないと成立しない「技術」だと思います。〝自分の言葉〟自体は経験でしか身につかないものですが、**相手の心を摑む振る舞いやトークはテレビに出ているタレントさんから学ぶのもいいかもしれません。**

会社員の方にとってイメージしやすいように、大きなコンペティションでプレゼンテーションする、という状況を例にとって〝摑み〟について説明したいと思います。まず注意していただきたいのは、スライドを映して話し始めた時が「プレゼンテーションの始まり」ではないということ。**皆の前に出ていく時のファッ**

ションや歩き方から、「こいつは一体どんなやつなんだ？」と試されているんです。そして、まずは周囲の状況を冷静かつ注意深く観察し、場の空気を読みとります。次に、発すべき言葉や声のトーン、仕草をその場その場で考えて、ひとりひとり目を見るようにしながら言葉を繋いでいく。ジャケットを脱いで袖をまくる姿だって、自分を演出する表現のひとつになるんです。**そうやって相手の心を摑もうと努力することで、こいつの話を聞いてみたいと思われるようになるのです。**もちろん、相手の心を摑むだけですべてがうまくいくわけではありません。相手の心が摑めたら下手な前置きはせずに、どうやったら利益になるのかということを、〝肝〟を意識して簡潔に説明することも大切です。

相手の心を〝摑む〟ということは、何もプレゼンテーションのような場に限った話ではありません。一対一の商談や上司・部下との面談、あるいは日々の会議でも常に相手の心を摑めるかどうかは試されています。もっとも効果的なタイミングで自分の意見を切り出したり、話の内容がまとまらなくなってきたら「ちょっと一回整理しましょう」と仕切り直しを提案したり、〝現場力〟がある人はそんなことをほとんど反射的に行っています。それは上司や部下という立場とは関係なく、その場における「リーダーシップ」の発揮なんですね。

ここまでお話ししてきた〝現場力〟とは、判断力、観察力、表現力、リーダーシップといった要素の総合的な能力といえます。それは「目」にもはっきりと表れるんですね。ファッションでカラダを覆うことができても、目を覆うことはできません。

〝現場力〟を磨くことで、目と言葉に力がつきます。それが人に「安心感」を与え、「信頼」に繋がり、ビジネスシーンで人を惹きつける〝大人の色気〟になるんです。

自分をブランディングして
やりたい仕事を引き寄せる

エスクァイア　マガジン　ジャパンを退社した後は、『LEON』の立ち上げに参画しました。「ちょい不良《ワル》ブーム」を作り、『OCEANS』創刊メンバーになり、現在のウェブマガジン『FORZA《フォルツァ》 STYLE《スタイル》』に至ります。**その過程では、常に「干場義雅」という人物のポジショニングとブランディングを考えて行動するように意識していました。**それこそ、日々の装いや立ち居振る舞いには一切気を抜かないようにして、ファッションエディターとしての「干場義雅」のイメージを作り、それを磨き上げていったのです。

自分のブランディングを意識することは、すごく大事なことです。なぜなら、チャンスはいつどこに転がっているかわからないからです。僕自身、何度も経験していることですが、予期しないところでの人との出会いが、新しい仕事や関係に繋がっていくことは多々あるんですね。**そんな時に油断していて適当なファッションやだらけた言動をしていたら、出会いがあったところで相手にすぐに見限られて、新しい展開なんか生まれなかったはずです。**

これは恋愛でも同じことが言えますよね。「この人こそ！」と、ハッとするような人と出会っても、その時の自分が気を抜いていてダサい格好をしていたら声もかけられません。だから常に自分を磨いて、チャンスが訪れたらすぐに飛び込めるよう準備をしていなくてはいけないんです。もちろん訪れたチャンスを逃さないように、しっかりとアンテナを張ることも大事です。目を見開いて、常に世のことを注視するのが重要なのです。「半眼」のままぼんやりしているようでは、チャンスを摑む以前にチャンスがあったことにも気づかないでしょう。仕事でも恋愛でも「ハンター」になっていないとチャンスは来ないということですね。

僕自身、いついかなる時も、ファッション、身だしなみには絶対に手を抜きません。例えば、自宅の近くのコンビニに行く時のTシャツにショートパンツ、サンダルといった姿でも完璧なスタイリングをするようにしています。それは〝ハリウッドセレブの休日風〟だったり、肩の力を抜いた〝イタリアオヤジ風〟だったり、その時々でイメージするスタイルは違いますが、常に百パーセントの完成度を考えた着こなしをするようにしています。それがファッションのプロである「干場義雅」という人物のプレゼンテーション。僕はそれを常に行っているということなのです。

『LEON』創刊編集長の岸田一郎さんとの出会いもファッションがきっかけで

した。『エスクァイア日本版』の出張で、時計の見本市、スイスのバーゼルフェアやジュネーブフェアに行った時のことです。時計業界だから真面目なファッションをしている人が多かったのですが、展示会やパーティーなど行く先々で見かける目立つ人がいて、それが岸田さんでした。一方、**僕のファッションも岸田さんは気になっていたようで、自然と言葉を交わすようになりました。**

岸田さんが『LEON』創刊前のパイロット版を出したぐらいの時期のことです。岸田さんから新雑誌を創刊するという話を聞いた時、「一度遊びにいらっしゃい」とその場でお誘いを受けたんです。そして帰国後に本当に連絡をいただいて、編集部に挨拶のつもりで顔を出したら、その場で「この六ページやってくれ」と……。

そんなこと言われても僕は『エスクァイア日本版』の編集者だし、あまりにもいきなりだったので最初は断ったんですが、岸田さんが新雑誌でやろうとしているコンセプトは僕自身のやりたいことにかなり合致しているところがあり、興味はすごくあったんです。さらに、「どうしても君にこの記事を作って欲しい」と、かなりの熱意を持って説得されたので「今回だけ」ということで、内緒でアルバイトのような感じでお手伝いすることにしました。すると、僕の担当したページが良い出来で反響があり、岸田さんと当時の副編集長の大久保《おおくぼ》清彦《きよひこ》さんからも、「今すぐうちに来て欲しい」と本格的にお誘いを受けるようになったんです。

『エスクァイア日本版』は改めて言うまでもなくハイクオリティなインターナショナルマガジンです。そこで僕はかなりの仕事を任されていたし、海外出張にも何度も行かせてもらって勉強になることも多く、待遇にも不満はありませんでした。しかし、**僕には『LEON』だったら自分の思い描いていたものが表現できて、そこに全力投球できるという直観があったんです。**僕はずっと既存のメンズ誌にはなかった〝セクシー〟という要素をクラシックなスタイルにとり入れたファッションの提案をしたいと考えていました。それは突き詰めると岸田さんの提唱する「モテるファッション」に繋がっていくもので、そのコンセプトがハマれば絶対に成功するはずだと感じたんです。結果として、『LEON』は僕のキャリアの中でもっとも大きな仕事になりました。**その成功のきっかけは、常に自分の理想のファッションを自らの装いで体現し、自身をブランディングしていたことにあったのだと思っています。**

「相手を喜ばせる」姿勢がチームワークを成功させる

ビジネスシーンでもっとも大事にして欲しいのは、「相手を喜ばせる」という姿勢です。「相手の求めているものを正確に効率良く提供する」ということは、突き詰めれば「相手が喜ぶことをする」ということ。商談でも、こちらの利益ばかりを優先して無理やり営業したところで、うまく進みません。**まずは、先方のことを徹底的にリサーチします。そして、どういうゴールを設定すれば皆が喜ぶような良い結果を得られるのか、考えて企画に落とし込むことが重要です。**

例えば、僕があるファッション誌に、誌面を作らせてもらうための営業に行って、企画の提案をすることになったとしましょう。まずは誌面をしっかりチェックして、そのコンセプトや特徴、傾向なんかを把握します。**そこで、「時計の広告があまり入っていない」ということがわかったら、どういう企画だったら時計の広告が入るのか、最初からそこまで具体的に詰めて持っていくんです。**そうすれば、広告収入を手に入れたいファッション誌の担当者は「この企画ならば、これぐらい広告収入が入りそうだな」と判断できるので話が早い。**商談というものは、三十分～一時間程度の限られた時間でどれだけ効率良く効果的に情報を提供することができるのか、そして、その場で決められるかどうかの勝負なんです。**

「その企画いいですね」

と、なった時に、

「それでは一旦持ち帰って、詳細を詰めてきますね」

なんてやっているようでは駄目なんです。その場で即決して、

「では、もう明日から動きますね」

「次号からやりましょう」と、すぐに動き出せる体制を作る。「相手を喜ばせる」という姿勢も結果的に「時短」に繋がるんです。

「相手を喜ばせる」という姿勢が重要なのは、クライアントに対してだけではなく、一緒に働く仲間たちに対しても同様です。個人プレイに走るのではなく、上司やチームのメンバーに対して「自分がどんな仕事をすれば皆が喜ぶのか」とい

う視点を持って仕事をすることが、チーム全体の成果に繋がります。メンバーを管理するマネージャー的な立場であれば、**それぞれのメンバーの得意な分野と不得意な分野を見極めた上で、誰もがやりがいを見出《みいだ》して、喜んで仕事ができる環境を作ることが何より大切な役目となります。**

僕は今、四十代男性向けのウェブマガジン『FORZA STYLE』の編集長としてチームを組んで仕事をしています。**そこでマネージャーとして僕が心がけているのは「部下に好きなこと、得意なことに真剣にとり組んでもらう」ということ。**ウェブマガジンでは車やファッション、趣味などのテーマを扱っているのですが、なるべく部下が本当に興味を持ってとり組めるテーマを割り振るようにしています。**そのためには、部下が何を好きでどういう思考回路を持っているのか、どんな仕事で活躍できそうなのか把握することが大切です。**「何が好きなの？」と聞くだけでは駄目ですよね。上辺だけではなく、普段の仕事ぶりや飲みに行ってリラックスしている時など、常に部下のことを観察する必要があります。

こうして部下のことを把握して「好きなこと」にとり組ませると、部下はどんどん伸びていきます。ちょうど小さい子供がゲームに熱中して、いつの間にかすごく上達しているように、「好きなこと」には誰でも時間を忘れて真剣にとり組むんですね。そうした時間は部下にとっても、経験を積んでスキルを伸ばせるかけがえのない時間になるはずです。

もちろん、最低限やらないといけないことについては厳しく指導しますし、**時には体験したことのない分野をやらせることも大切です。**「あいつは原稿書くのが得意だけど、会議の司会をやらせてみたら意外と向いているんじゃないか？」と思ったら、部下の「好きなこと」じゃなくてもやらせてみるんです。**それで部下の仕事の幅が広がったら、それは部下自身の喜びにもなりますよね。**

そもそも一緒に働いているメンバーが「仕事をしていて楽しい」という気持ちがなければ、良いものは作れません。クライアントを喜ばせることはとても大事なことですが、一緒に働く皆を喜ばせられないようだったら、良い仕事をすることはできないでしょう。そもそも一緒に仕事をしたくないと思われるようになっ

たら社会人として失格です。ビジネスシーンでも〝大人の色気〟のある男を目指すのであれば、率先してチームの仲間たちを「喜ばせる仕事」をしていきましょう。

そういう意味で僕が一番理想だと思う形を見せてくれるのが映画の『オーシャンズ11《イレブン》』です。「また映画の話か」というツッコミが聞こえてきそうですね。しかも、「チームプレイとはいっても犯罪の話じゃないか」と……。ただ、さまざまな分野の、自分の仕事に誇りを持ったプロフェッショナルが集まり、一致団結することでいくつもの困難なハードルを乗り越えていく姿は、実にエキサイティングです。それは「個人では不可能なことを仲間と協力することで可能にする」というチームプレイの普遍的な価値がしっかり描かれているからでしょう。そして、ＢＧＭにドビュッシーの『月の光』が流れる中、不可能に思われた仕事を見事に成し遂げたオーシャンと十人の仲間たちがそれぞれ去っていくラストシーンに僕は、「人生って、こういうものかもしれないな」という深い感動を覚えたんです。

誰しも生きていく上で、基本的にはひとりでしょう。しかし、そんなひとりひとりが集まって「仲間」となり、何かを成し遂げて、またひとりに戻っていく。人生はその繰り返しなんだ、と。あの映画に描かれている「仲間と物事を成し遂げることによって得られる達成感や充実感」に僕は強く惹かれます。

雑誌『OCEANS』のタイトルは、〝大洋〟に由来していると思われることが多いんですが、実はこの『オーシャンズ11』からとったものです。

もともと僕は仕事だけでなく、遊びでも、スポーツでも、いろんな人とコミュニケーションをとっていくことで、皆が感動できるような何かが生まれる瞬間がすごく好きなんです。その気持ちが今の仕事にも、夢にも繋がっていくと思っています。

COLUMN

色気を学べる名作映画

色気のポイント

インディ・ジョーンズの知性とワイルドさの絶妙なバランスを見習うべし！

〝大人の色気〟が学べる映画として、筆頭に挙げられるのはやっぱり『プリティ・ウーマン』でしょう。主演のリチャード・ギアの魅力は女性だけでなく、男性も思わず魅了されてしまうほど。ファッションから女性に対する気遣いとエスコートまで、すべてが完璧といっていい紳士像が表現されています。また、本書でも何度か触れましたが、やはり僕の理想の男性像としてはジェームズ・ボンドも外せません。ただ、**映画を観て「カッコいい！」と衝撃を受けた最初の俳優は『インディ・ジョーンズ　魔宮の伝説』のハリソン・フォードなんです。**すごくワイルドなトレジャーハンターだけれど、普段は考古学者として教壇に立っている知的な人物という二面性にすっかりやられました。その映画鑑賞以来、将来の夢は「インディのような考古学者」になりました。**インディは知的でワイルドなだけではなく、ユーモアがあるところも素敵でしたね。ある意味で僕の原点ともいえるヒーロー像です。**

ブルース・リーに大きく影響を受けていることは多くのメディアで公言していますが、彼と並び称されるカンフースター、ジャッキー・チェンも僕の**生きる指針を作ったヒーローのひとりです。『少林寺木人拳』における父の敵討ちのために厳しい修業を重ねていくジャッキーの姿には、これまでどれだけ励まされたかわかりません。**

独立したばかりで人生に迷いや不安が生じて精神的に追い込まれていた頃、毎晩のようにこの映画を観ていました。主題歌『ミラクル・ガイ』の「奇跡をおこせ今その腕で」という歌詞に自分を重ねて心を奮い立たせていたんですね。

現在の「干場義雅」を作り上げているいくつもの要素の中で、映画が占める役割は相当大きなものになっていると思います。

PART

3

女性編

「喜ばせたい」気持ちが“色気”に繋がる

女性に対するリスペクトは世界の常識

これまで仕事やプライベートで何度もイタリアを訪れたことがあり、そのほかの国も合わせると海外渡航の経験は多いほうだと思うんですが……。そこで海外の男性の振る舞いを見ていると、**日本の男性はやはり女性に対するリスペクトが少ないと感じてしまうんですよね。**もちろん、昔に比べればだいぶ良くなってきたとはいえ、日本の男性全般の女性観は決してグローバル・スタンダードに追いついているとは言えないのではないでしょうか。

改めて言うまでもなく、私たちは「母親という女性」から生まれてきました。女性は妊娠・出産という男性にできない尊い役目を担っている存在であり、言ってみれば生命の源でもあります。そのため、**女性をリスペクトし丁重に扱うこと**

は、大人の男性として当然のことです。

日本でも約四十年前に男女雇用機会均等法が施行されました。海外と比べれば遅れているとはいえ、現在、女性の社会進出は着実に進んでいます。どんな業界であれ、ほとんどの職場に女性がいることが当たり前ですし、「夫婦共働き」というライフスタイルも一般的です。セクシャル・ハラスメントや女性蔑視は論外ですが、かつての高度経済成長期の頃のように「男は外で仕事、女は家庭」という価値観のままでは、ますます日本の男性はグローバル・スタンダードからとり残されていってしまうはずです。

昔のように、「仕事さえしっかりやっていれば、身なりや職場が汚くてもいい」という時代でもありません。男性だけの社会だったら、それこそ〝男子高校の運動部の部室〟みたいに汚くてもいいかもしれません。しかし、そこに女性がいたら不快な思いをさせてしまうのは当たり前です。**同じ空間にいる女性には、職場であっても「安心感」と「心地良さ」を感じてもらえるようにしておきたいものです。**

隣のデスクにいる女性に、「これ以上、近づいて欲しくない」なんて思われたら、そもそも社会人として失格です。

ちなみに僕の編集部のデスクは、僕の留守中に作業する人がいてもいいように、何も置かないことはもちろん、帰り際には良い香りのするウェットティッシュできれいに拭くように心がけています。オフィスがきれいで良い香りがしたら誰でも嬉しいじゃないですか。男性に「女子力」(今は死語ですが)を持てとは言いませんが、最低限の気遣いはして欲しいのです。

今後、少子高齢化が進んで労働人口の減少が進んでいく中、出産・育児・介護といった制約を抱えながらも、社会に出て働く女性の数はさらに増えていくでしょう。もちろん、優秀な女性が活躍する場もどんどん広がっていくはずです。そんな時に、旧態依然の男性中心主義でいたら、最終的には自分がとり残され、腫れ物扱いされてしまうだけです。**そんな中長期的な視点を持つことができず、女性に対してぞんざいな態度しかとれない男性が、「モテ」とか「色気」を目指すなど論外です。端的に言って終わってます。**

単純な男女平等を主張するつもりは、僕にはありません。女性が妊娠・出産をできる時期は限られていますし、常に男性と同じ条件で外に出て働くことはできませんから。重要なことは女性をリスペクトしつつ大事に思い、活躍できるような環境を男性が協力して作っていくことです。これまでの日本はそれができていなかったために、少子高齢化が進んできたという現状があります。それは最終的に日本の未来を危うくするような状況を生み出すことにもなってしまいました。上の世代から受けとったバトンをより良いものにして次世代に渡すということは、現代に生きる私たちの使命ではないでしょうか。女性を尊重し、女性が生きやすい社会を作るということは、日本の将来のためにも非常に重要なことなのです。

「レディ・ファースト」はしないほうが恥ずかしい

欧米では「レディ・ファースト」は常識です。

ドアを開けて女性を先に通す。先に椅子に座らせてワインを注ぐ――年齢を問わず、すべての女性を優先する。このレディ・ファーストという考え方が日本の男性にはまだまだ浸透していないように思います。

大人の男性でレディ・ファーストができていないなんて、はっきり言って「カッコ悪い」の一言。「色気のある男」なんて、ほど遠いと言うべきでしょう。日本の居酒屋でよく見られる光景ですが、上司の男性が女性の部下にビールを注がせるような行為を海外でやったら、恥以外の何ものでもありません。逆に上司が女性の部下にビールを注いであげるぐらいでないと駄目です。

レディ・ファーストはできて当たり前。中には気恥ずかしくて戸惑ってしまうという人もいるかもしれません。しかし、これは特に強調しておきたいのですが、**レディ・ファーストはしないほうが恥ずかしいんです。**欧米で女性にワインを注がせるような大人の男性などいません。

できれば、グローバル・スタンダードを体感するために、ぜひ一度海外で「船旅」を経験して欲しいと思います。さまざまな国の、さまざまな年代のカップルがごく自然に行っている素敵なレディ・ファーストを見れば、「自分もこうなりたい」と感じることができるはずです。

本でもインターネットでも、レディ・ファーストの基本はすぐに学べます。あとは「女性を尊重する」ことが、人間の本質であることを意識して実践あるのみです。荷物が重そうであれば持ってあげたり、ワインを率先して注いであげたりしましょう。もちろん、失敗することもあるかもしれません。ワインのコルクを抜こうとしてすっぽ抜けたり、料理をとり分けようとしてうまくいかなかったり、そんな失敗は慣れないうちはよくあるものです。そんな時は、失敗を〝笑い〟にしてしまえばいいんです。それで場が和むこともあるでしょうし、失敗を笑いに転じることができるのは、ＰＡＲＴ２でもポイントに挙げた、「余裕」があるということでもあります。**そんなトライ・アンド・エラーを繰り返すうちに、レディ・ファーストが板につき、自然にできるようになっていくはずです。**

そして、男性が女性を尊重して立てるようになっていけば、女性のほうでも自然と男性を立ててくれるようになるものです。男性と女性、どちらも互いをリスペクトする。それぞれを引き立てるように行動し、高め合っていく。それは男性と女性の理想的な関係といえるのではないでしょうか。

「女性を褒めるクセ」をつけよう

レディ・ファーストと同じように、女性とのコミュニケーションにおいて日本の男性に足りていないと思うのは「褒める」ことです。

イタリア人男性がところかまわず四六時中、女性を口説いているようなイメージを持っている人は多いかもしれません。しかし、全員がそういうわけではありません。ただ、やはり女性を褒めたり、気持ちを伝えたりすることはすごく上手なんですね。**サラッと「素敵だね」と、女性の魅力的なところを伝える。それは日本人の男性もぜひ見習って欲しいところです。**

「褒めるといってもどこを褒めればいいのか……」なんて戸惑うことはありません。本当に些細《ささい》なことでいいんです。

着ている洋服の色がきれいだなと感じたり、新しい眼鏡が似合うと思ったりしたら、それをそのまま素直に伝えればいいし、仕事で努力して成果をあげたら、「よく頑張ったね」としっかりと言葉で評価する。

女性に限った話ではないのですが、ちゃんと言葉にして褒められれば「自分のことを見てくれている」という嬉しさがあるものです。その瞬間は彼女の気持ちが、ちょっとだけ幸せなものになるはず。自分の言葉で、誰かがそういう気持ちになってくれたら嬉しいと思いませんか？

そういった褒め言葉は恋人や奥さんに対してはもちろん、女友達や職場の女性にもどんどん言ったほうがいいと思います。**ちょっとした褒め言葉ひとつでもコミュニケーションがより円滑に進むようになりますすし、その場の空気も和らげてくれます。そのためにも周りの人たちをよく見る「観察眼」が大切なんですね。**

僕は街中ですれ違ったり、同じエレベーターに乗り合わせたりしただけの女性でも、とても素敵な着こなしをしていれば、失礼にならない範囲で「素敵ですね」と声をかけて褒めることが、ごくごく稀《まれ》にですがあります。もちろん、これをきっかけに親しくなって……というナンパ目的の下心では決してありません。人の魅力的なところを見つけ、褒めるということをクセにしているのです。

通りすがりの男性に「素敵」だと褒められたことで、その素敵な女性がちょっとでもいい気持ちになってくれたら嬉しいじゃないですか。自然体でスマートに声をかければ変な顔をされたりすることもないものです。そこは「経験値」や「現場力」にもかかわってくるところですが。

また、褒めるとはいってもそれが性的なニュアンスを含んでいて、相手を不快にさせたり、セクハラになってしまったりしたらもちろんアウト。

これまでにも繰り返してきましたが、褒め言葉も「相手を喜ばせたい」という根本的な気持ちがあってこそのものなんです。決して自分が気持ち良くなるためのものではありません。ですから、あまりに馴《な》れ馴れしくしすぎるのも良くないし、やたらと褒めすぎて嘘《うそ》くさくなってしまうのも逆にNG。あくまでさりげなく自然体、が基本です。そこを押さえて上手な褒め言葉で周りの女性を喜ばせることができたら、自分の気持ちも上向くことでしょう。

既婚者の男性の中には、「結婚しているのに今さらほかの女性を褒めても……」なんて思う人もいるかもしれません。

勘違いして欲しくないのは「女性を褒める」ことは、先ほども述べたように「口説く」こととはまったく違います。あくまで一緒にいる人を喜ばせて、場の雰囲気をより良くするためのコミュニケーション手段のひとつです。独身、既婚といった立場に関係なく、「褒め言葉で周りの女性を喜ばせる」余裕は〝大人の色気〟に繋がっていくのです。

女性を口説く時は、相手との心の「距離感」を意識する

日常的なコミュニケーションの枠を越えて、意中の女性に思いを伝える時は「距離感」をしっかり把握することが第一です。

人と人との「距離感」は、近いところから遠いところまで、十段階ぐらいに分かれています。その段階によって、話すべき言葉は変わってくるものだと思うんです。コミュニケーションのとり方・距離の縮め方は人によって違います。そのため、**「距離感」を見極めるには「自分の言葉や行動、態度」に対して、相手がどういう反応を返してくるか見ていくしかないんです。**例えば、メールやLINEのメッセージのやりとり。「距離感」によって言葉はさまざまに変わっていきます。

最初のやりとりは、硬い雰囲気があって当然です。徐々に絵文字や顔文字を使ってみたり、ちょっとしたジョークや思わず笑ってしまうようなＬＩＮＥスタンプなんかを送ってみましょう。そこできっぱりと無愛想な反応が返ってくるようなら、「距離感」に大きな開きがあるということです。お互いの「距離感」が近いようならこちらの投げた球をしっかり受けた上で、向こうも様子見に新しい球を投げてくるでしょう。

もちろん、相手の反応を探る時に、むやみにフランクになってもいけません。礼儀は絶対に必要です。それを踏まえた上で、**キャッチボールを続けていくうちに、向こうもこちらに興味があるようなら「距離感」は縮まっていくはずです。**

最初は「干場さん」だった呼び名が「ホッシー」になったり、「またぜひお会いしたいですね！」というメッセージに好反応が返ってきたりするものです。相手と自分の「距離感」が同じレベルまで深まったという時に、初めて食事に誘うといったアクションをおこすといいでしょう。

ふたりの「距離感」を縮めていくという段階を踏まずに、いきなりデートに誘ってても変に警戒されてしまうし、うまくいかないものです。

実際に会ってデートをしている最中も、相手の「距離感」が、どの段階にあるのか常に判断するべきです。これはマニュアル本の通りにいくものではありません。じっと目を見つめた時、手を握った時……。相手が同じように返してくるのか、そうでないのか……。ひとつひとつ相手の反応を見て、測っていくしかありません。**その「距離感」が掴めていないのに、焦ってどうにかしようとすると空回りするものです。男性の多くがそういう経験をしてきているはず。**

初めてのデートで相手の「距離感」が自分と同じレベルに到達してないのに、ジョーク半分、本気半分ぐらいで、

「今日、どんな下着を穿《は》いているの？」

なんて言ってしまうと、

「は？」

という冷たい反応が返ってくるのは当然です。変態扱いされてもおかしくありません。これはまったく「距離感」が測れていない例ですが、「距離感」を正確

に摑んで的確に縮めていく、というところに男の技量が問われます。例えば、この会話が初めてのデートではなく、三回ぐらいふたりきりの食事を重ねて少しずつ仲が深まってきた頃だったらどうでしょう？　雰囲気の良いバーのカウンターに互いの膝と膝をくっつけるように並んで座り、ゆっくりとお酒を飲んでいる時の言葉だったら、女性の反応は「何言ってるのよ、エッチね」と笑って流してくれるようになり、最初の反応とは違ってくるのです。

そういった「距離感」を見極めるのが〝現場力〟なんですね。僕も何度も手痛い失敗をしてきました。これもトライ・アンド・エラーを繰り返しながら、経験を重ねて身につけていくしかないのです。頭も要領も良い人であればマニュアル本を読めば、すぐにそれなりのことはできるようになるかもしれません。しかし、それはやはり付け焼き刃でしかないんです。マニュアル本にない事態がおこるとあたふたしてしまう。デート中に街を歩いていて女性がいきなり「トイレに行きたい」と言い出した時、スマートにトイレまで案内する。ふたりでお酒を飲んでいる時に酔っ払いに絡まれたら女性を守る。こんな風に、即座に適切な対応ができるのかどうか。そこで〝現場力〟が問われます。**自然体ですぐに対応できれば**

相手に「安心感」を与えることができるでしょう。〝大人の色気〟はそんな経験値に裏打ちされた〝現場力〟から生まれるものなんです。

もちろん、マニュアルを読んで知識をつけることも大事です。ただ、いざ女性を口説こうという時にはマニュアル本なんかより、自分が築き上げてきた〝現場力〟と〝自分の言葉〟こそがもっとも強力な武器になるんです。

店選びは「使える店リスト」でスマートに

女性をスマートにエスコートするには、店選びも大切ですよね？　相手が食べたいものを聞いてからインターネットで検索して、クチコミ評価をチェックして……というのは、あまりスマートとはいえません。

そこで、LINEを使った「使える店リスト」を作っておくことをおすすめします。僕は思いついた仕事のアイデアを、すぐにLINEにメモをするようにしているんですが、自分が行って気に入った店も必ずすぐにメモするようにしています。

「神楽坂《かぐらざか》・割烹《かっぽう》・○○屋」

このように場所、ジャンル、店名に簡単な自分の感想を添えてリストに書いておけば、**どこかに食事に行こうという話になった時、現在地と相手のリクエストを聞いてすぐぴったりな提案ができます。これも「時短」です。**インターネットを使って評判の良い店を探すのは確かに手軽で便利です。しかし、実際に行ったことがあって、自分自身が本当に美味しいと感じた店のほうが自信を持って勧められるのは当然ですよね。

「ぜひこれは食べて！　この組み合わせは最高だよ」

なんていうことが、それこそ〝自分の言葉〟となるわけです。それがばっちりハマって相手を喜ばせることができれば、

「ほかにも良い店あるよ」

と次の誘いにも繋がっていきます。その時注意して欲しいのは、店の話をする時に過去の女性の存在を匂わせないこと。それは礼儀というものです。

この「使える店リスト」は仕事の会食でも使えますし、すごく便利ですよ。

何でもない日をサプライズで〝特別な日〟に

ちょっとしたプレゼントも、女性に気持ちを開いてもらうにはとても効果的です。何も高価なものや気取ったものを贈る必要はありません。気になる女性であれば、彼女がどんなものが好きなのかぐらいはわかるでしょう。**その好みに合ったものを押しつけがましくなく、さりげなく渡すことができれば、すごく喜んでもらえるはずです。**

以前、僕がパーソナリティを務めているラジオ番組に、夏木マリさんに出演していただいたことがあります。夏木さんは、バラを売った収益で途上国の子供たちや働く女性たちを支援する「One of Love」というプロジェクトの代表を務めています。バラの花には特別な思い入れを持っていらっしゃるんですね。そこで、最初にお会いして挨拶をした時に「今日はよろしくお願いします」とバラを一輪お渡ししました。このサプライズをものすごく喜んでいただき、その後の番組もとても良い雰囲気で盛り上がりました。

たった一輪の花でもいいんです。「喜んでもらいたい」という気持ちがあれば、それは相手に伝わります。

特別な日でもなく、何のお祝い事もないのにプレゼントをすることに気後れを感じる人もいるかもしれません。でも、実は何でもない日は逆にチャンスなんです。何もない日だからこそ、ちょっとしたプレゼントがサプライズになるし、それが何でもなかった日を〝特別な日〟にすることもあるわけですから。

大切なデートは「五感」で感動させる

PART1の冒頭で「色気」というものについて、視覚、聴覚、触覚、嗅覚、味覚という「五感」のすべてを使って感じとるものと述べましたが、**「ここ一番」というデートの時には、ぜひ「五感すべてを使って相手を感動させる」ことを意識してみてください。**

オーシャンビューや美しい夜景が望める場所、雰囲気を盛り上げるBGM、座り心地の良いソファ、ほのかに香るフレグランスやアロマキャンドル、そして美味しい料理やお酒……。五感それぞれに「心地良さ」や「美しさ」が伝わるシチュエーションは、最高にロマンティックなムードを作り上げます。この五感に響く複合的な感動は、生きていることを実感する瞬間でもあります。その瞬間を共有できれば、間違いなくふたりの距離も縮まります。そこで、自分が相手にどんな気持ちを抱いているのか、どれだけ大切に思っているのか、〝自分の言葉〟で伝えることができれば、その気持ちは、きっと通じることでしょう。

こういうシチュエーションを自分で演出できる人が、真に「色気のある男」だと思うのです。自分が映画監督になったつもりで、彼女の五感を刺激し、感動させるようなシーンを演出してみましょう。もちろん、そこにあざとさを感じさせてはNGですよ。

また映画の話になってしまって恐縮ですが、大人の男性として女性をエスコートする時に参考になるのが『プリティ・ウーマン』のリチャード・ギアの行動です。ジュリア・ロバーツのファッションを引き立てる、極めて抑えめなスーツやタキシードのスタイル。それは「大人の男性」ならではの余裕と色気を感じさせます。そんな彼が、目にも鮮やかな真っ赤なバラの花束を渡し、自分の気持ちを伝えるシーンなんかはまさに「色気のある男」を体現しています。

ただ、**その本質にあるのは常に「女性を喜ばせたい」という気持ちです。リチャード・ギアのようにカッコよくはなれなくても、愛する女性を喜ばせたいという気持ちは誰でも持てるはず。**そこが一番重要なポイントです。

女性が喜ぶ「香り」の使い方

一般的に男性は女性に比べて「香り」について、あまり意識をしていない人が多いように感じます。しかし、五感の中でも特に「嗅覚」は色気を伝えるのに大きな役割を果たします。雨上がりのアスファルトの匂いや金木犀《キンモクセイ》の香りを感じた時に、ふと昔の思い出がよみがえってきたような経験は、きっと誰にもあることでしょう。**嗅覚というものは、情感と強く結びついている感覚なんですね。「色気のある男」を目指すのであれば、そんな「香り」についてもこだわりたいところです。**

香水をつける習慣がないという男性は多いかもしれません。ですが、シチュエーションに合わせて自分の香りを演出して気分を盛り上げたり、一緒にいる人に心地良さを感じさせることができる香水は、人生をより豊かにしてくれるアイテムでもあります。もちろん、周りの迷惑を考えずに、顔をしかめられるほど香水をつけまくるようなことはナンセンスです。ぜひ適切な使い方で〝自分だけの香り〟を楽しめるようにしましょう。

香水をつける時の最初のポイントは、まずなんといっても自分の臭いをしっかりとることです。髪の毛の臭い、体臭、口臭など、ミドルエイジの男性のカラダから出てきてしまう「加齢臭」と混じってしまうと、せっかくの香水の良い香りも台無しです。ですので、まずは、汚れや皮脂をしっかりとるシャンプーやボディシャンプーなどで、清潔にすることが重要です。

香水のつけ方の基本は、「パルス・ポイント」にプッシュするということ。「パルス・ポイント」とは、首や手首、両足の内側といった脈を打つ血管がある部分のこと。体温がほかの部分よりも高いので、香水が気化しやすく効率的に香りを拡散させることができます。それと、香りというものは下から上へ立ち上ってくるものなので、足元につけておくと、香りがふわっと柔らかく感じられるようになります。そのため、両足の内側につけるのが特におすすめなのです。

そして、実はこの「パルス・ポイント」以外に「ここに香水つけると一番セクシーな香りが出る」というポイントがあるんです。それは「毛の中」。毛が密集している場所はいわゆる〝フェロモン〟が出てくるところです。先ほど、「しっかり先にとるべき」と述べた「体臭」とは違いますよ。この〝フェロモン〟と香水が混じり合うことによって、その人だけのセクシーな香りが生まれ、〝媚薬〟のような効果が生まれると言われています。本来の香りではなくなってしまうため、香水メーカーがこうした使い方を推奨することはありませんが、香水文化が発達したフランスでは、この〝裏技〟がよく使われているんです。ほかにも、香水を使って女性を喜ばせるために、ジャケットの襟裏に少しだけ香水をつけたり、ワンプッシュして空中に散布した香水の中にニットをくぐらせたりして、服をほんのりと香らせるというイタリア男のテクニックもあります。

こうしておけば、女性が肌寒さを感じている時に上着として貸してあげたり、別れ際にハグした時に、香水がそっと良い感じに香るんですね。**香水のこんな上品な使い方をマスターしていれば、その香りの「心地良さ」とともに印象がグッと上がると思うのです。**

ちなみに僕はいくつかの段階に分けて「香り」を演出しています。まずしっかりと全身の臭いをとったあと、ライトな香りがするボディクリームをつけます。そのあと、季節やシチュエーションに合わせた香水を重ねるようにしているんです。こうすると服を脱いでいくごとに自分の香りが変わっていくというわけです。そして、僕の〝最深部〞には魅惑の香りがする〝秘密のクリーム〞がちょっとだけ塗ってあります。**それがどんな香りなのか知ることができるのは、僕の大切な人だけ（笑）。こういう「遊び心」があれば、香水はもっと楽しめるようになりますよ。**

「遊び心」が人間関係の基本

「大人の男性」であれば、女性との付き合いで「遊び心」を持つということも大事です。歳を重ねた男性が女性にガツガツしているのはスマートとはいえませんし、あまりにキザになりすぎてしまうのもサムクなってしまいます。**いろんなシチュエーションで相手をクスッと笑わせることができるほうが、よっぽど「大人の男性」としての魅力を感じさせることができると思うのです。**


例えば、デートでもんじゃ焼きを食べに行ったとしましょう。会話をしながら、材料を混ぜたり、生地を流し込む土手を作っていきますよね。そこで、

「ほら」

と、土手を見せた時にハートの形になっている。そんなことでも女性は笑ってくれて、喜んでくれるものです。

よく見ないとわからないぐらい細かいハートのドット柄のシャツを着て、

「これ何の柄になっているかわかる？」

なんて聞けば女性にぐっと近づいてもらえるし、

「このハートは、キミへのキモチ（笑）」

なんて言えばそこで笑いもとれます（もちろん言い方次第ですが……）。レス

トランでムール貝を食べたら、殻を開いて重ねていってハートの形にするとか、そういう**ちょっとした「遊び心」を見せるためにも、場を和ませるネタは多く持っておきたいですね。**こういうネタを見せるのは、何も恋人やパートナーだけじゃなくてもいいんです。

吉野家で牛丼を食べている時に、店内で素敵な女性を見つけたら、「向こうの角に座っている彼女に卵ひとつ」なんて、高級なバーカウンターにいるかのようにオーダーをすれば、笑いがとれて、その後に繋がる関係のきっかけになるかもしれません。バーでもワインを頼む時はたとえ自分ひとりで飲んでいたとしても、グラスではなくボトルで頼むようにしておけば、ひとりで来ている女性に「飲み切れそうにないから一杯どう？」と自然に話しかけるきっかけが作れます。

半ばジョークみたいなものですが、**こういうテクニックで女性とお近づきになれることは意外とあります。お近づきになれなくても向こうがクスッと笑ってくれたら、それだけでも嬉しいものです。**

飛行機でビジネスクラスに乗ると、ひとりのキャビン・アテンダントが担当についてくれて、飛行中のサービスをしてくれますよね。彼女のサービスがよかった時は感謝の気持ちを込めて、僕はヘッド・レストのカバーをバラの形に折ってシートに置いて降りるようにしたりもします。彼女が気づいた時には、僕はもう飛行機を降りているので、口説くきっかけにするつもりもないんです。ただ、こういう遊び心ひとつで感謝の気持ちをさりげなく伝えることができるし、きっと喜んでくれると思うんですよね。それとカバーでバラを折っている姿は、周りの外国人乗客に結構ウケます。**こんなちょっとしたネタもすべて「喜んで欲しい」という発想から出てくるもの。それは女性に対してだけでなく、すべての人間関係における一番の基本だと思っているのです。**

COLUMN

干場流・男の「香り」塾

色気のポイント

体臭をとってから、
ボディクリーム＆
フレグランスの
二重の香り

本編で「香りのまとい方」についてお話ししましたが、やはりポイントになるのは、最初に「自分の体臭」を完全にとること。僕のシャンプー選びは、いかに汚れをきっちり落としてくれるかに尽きます。**毎朝使っているのはアンファーの「スカルプD モーニング 炭酸ジェットスカルプシャンプー」**。眠っている間に溜まった頭皮の脂を一気にとり除いてくれます。スーッとする気持ち良さはミドルエイジの男性だったらやみつきになるはずです。これでカラダまで洗ってしまうこともあるぐらい（笑）。全身の皮脂がいっぺんにとれるので、「時短」にもなります。育毛効果のある資生堂の「アデノバイタル」も並行して愛用しています。

全身の皮脂と臭いをとってから、香りを重ねていくのが干場流。実際に僕が使用しているアイテムを紹介しましょう。まず**ボディクリームとして使っているのが、ボーテ デュ サエの「ボディミルク（ローズブーケ）」です。**ボーテ デュ サエは女性用というイメージがあるかもしれませんが、これは男性が素肌につけても違和感のない爽やかな香りです。服の上からの香水はTPPOに合わせて。夏場に甘すぎない軽い香りにしたい時は**エルメスの「オー ドゥ パンプルムスローズ」。カルバン・クラインの「エタニティ」**も若い頃からよく使っています。そして、**僕がもっとも愛用しているのが、ペンハリガンの「ブレナム ブーケ」、アクア ディ パルマの「アランチャ ディカプリ」**です。一九〇二年の発売以来、時代を超えて世界中の紳士たちに愛されてきた名品。気品があって落ち着いた香りはどんなシーンにも美しく調和しますし、僕もスーツの時はほぼこの香りを身にまとっています。ぜひ使ってみてください。リップクリームは、ドゥ・ラ・メールの「ザ・リップ バーム」を愛用しています。ほんのり甘い味がするんです（笑）。

PART 4 休日編

好きなことが
“色気”を育む

全力で遊ぶことに意味がある

僕は仕事とプライベートで、気持ちのオン・オフを切り替えるということはありません。基本的に常にオンの状態です。**いつでも仕事のことを意識のどこかで考えていますし、それが新しいアイデアやクリエイティブな発想を生み出すことに繫がっています。**

幸いなことに、僕は自分の本当に好きなことがそのまま仕事になっているので、仕事のことを考えるのはまったく苦にならないんです。「一番の趣味は何ですか？」と聞かれたら、やっぱり答えは「仕事」になってしまうんですよね。とても複雑に入り組んでいてとり組み甲斐《がい》があり、なかなか簡単にはいきませんが、やり遂げた時の達成感も大きい――仕事には何物にも代えがたい面白さがあるのです。

そんな僕ですが、いつも「時短」を心がけて仕事をしているので、自分の裁量で時間の余裕を作ることができます。

時には空いた時間に新しい仕事を入れず、「よし、この日は遊ぼう！」と、決めて遊ぶことも稀にですがあります。

その時は遊びに全力投球。僕は「お茶をしておしゃべりしながらのんびり過ごす」というのがあんまり好きじゃないんです（笑）。どうせ遊ぶなら、仲間たちと思い切り遊んで、かけがえのない時間を過ごすことが大切だと思っているんです。

最近の休日で印象的だったのは、編集部のメンバーたちと「フットサルをやろう！」ということになって丸一日遊び尽くした夏の日ですね。

まずは朝の八時に待ち合わせ。十時までの約二時間、全力でカラダを動かして全身が汗だくになるほどフットサルを満喫しました。

そうすると当然、「なんだか喉が渇いたね」ということになりますよね。そこでフットサルは終了し、十時から、昼間からというか朝からビールを飲んじゃうんです（笑）。運動して汗をかいたあと、まだ陽の高いうちに飲むお酒ほど美味しいものはありません。のんびりと飲んで軽く酔いが回ってきたところで、今度はプールに行こうという話になって全員でひと泳ぎ。プールの近くには遊園地もあったので、ちょっと冷やかしながら久しぶりにアトラクションに乗ったりしているうちに夕方近くになっていました。そこで帰るかと思いきや、「いやー、今日はさすがに遊び疲れたなぁ……よし、温泉に行こう」と、東京近郊の温泉へ。温泉にゆっくり浸《つ》かって一日の疲れを癒やしてみると、今度はお腹《なか》が空《す》いてきます。「よし、焼肉食べに行くか！　良い店あるから！」

そんなわけで温泉を出るなり次は全員を引き連れておすすめの焼肉店へ。美味しい焼肉をたらふく食べたら、また元気が出てきちゃって、「もう少し遊ぶか」――。で結局、最後はダーツバーに。その頃には皆ベロベロになっていて、他愛もないバカ話をしながらダーツで遊んで、気がついたら深夜二時過ぎ。「千場さんと遊ぶといつもほんとにむちゃくちゃだよね」なんて皆笑っていましたが、とても楽しんでいることが伝わってくるいい笑顔を見せてくれました。**好きな人たちと楽しい時間を共有して、喜んでいる顔を見ることは本当に幸せな気持ちに**

させてくれます。

素晴らしい時間をともに過ごすことができる友人を持つことは、間違いなく人生を豊かにしてくれます。

僕にはそういう気心の知れた友人が男女ともに多くいて、中には幼稚園の頃からという長い付き合いのやつもいます。実際に顔を合わせるのは年に一度あるかないかという付き合いになっても、会えばすぐに昔とまったく変わらないやりとりが始まります。歳を重ねていくことで、さまざまな経験を積んでいっても、古くからの友人と会うことで若かりし日の「干場義雅」に戻ることができるんですね。

歳を重ねた男性は、仕事の付き合い以外で〝遊ぶ〟機会は減っていくものです。

本書を読んでいるあなたが、最後に友人と遊んだのはいつですか？

友人同士で遊んでいる時の楽しさは、自分の中に残っている若さに改めて気づかせてくれます。それは翌日からの仕事にも活力を与えてくれるものです。

また、友人だからこそ苦言を呈してくれることもあります。ファッションでもライフスタイルでも考え方でも、自分を客観視することはなかなか難しいもの。**真の友人は自分が間違った方向に行こうとしている時に、厳しく指摘をしてくれるものです。それを受け入れて自分を見直すことは、自分自身をさらに磨き上げることに繋がります。**

ちなみに僕は友人に、「ちょっと歯が黄ばんできたんじゃない？」なんて言われたら、その場で即電話して歯医者を予約します。忌憚《きたん》のない意見を言ってくれる友人は本当に大事な存在です。

そして、**普段スーツをビシッと着て仕事をしている大人の男性が、プライベートで友人たちと遊んでいる時にふと見せる〝少年の顔〟。その落差もまた〝大人の色気〟と言えるものではないでしょうか？**

「理想の男性像」を再確認した船旅

一年に一度あるかないかですが、十日ぐらいのまとまった休みがとれることがあれば僕は船旅に出ます。

初めての船旅は「リージェント セブン シーズ」という豪華客船でイタリア半島を一周する地中海クルーズでした。そこには僕がずっと理想として思い描いていた本物のラグジュアリーな世界があり、僕の掲げている哲学をまさに体現している人々がいました。世界中から集まった人々の誰もが、流行に左右されるのではなく、ベーシックで上質なものを上品に着こなしている。それは普遍的で美しく、ずっと愛せるものを身につけるということ。ひとつひとつの身のこなしやレディ・ファーストの行動に至るまで、その所作のすべてに憧れと尊敬の念を覚えるような素敵な男性たちを目にして、目指すべき男性像を再確認しました。

船旅は優雅な休息を満喫できるだけでなく、そんな自分自身の理想像と向き合う絶好の機会なんです。船上での世界各地の人々との出会いもまた大きな刺激になるでしょう。

大海の上で「自分自身がどうありたいのか」と改めて問い直すことは、きっとこれからの人生を生きていく上で大きな価値のあるものをもたらしてくれるはずです。読者の皆さんも機会があれば、船旅を体験して欲しいですね。必ず、人生最高の経験となるはずなので。

趣味に熱中できることが大事

一番の趣味は仕事ですが、船旅をはじめ趣味と呼べるものがいくつかあります。思いつくままに列挙してみると、カラオケ、日焼け、ダーツ、フットサル、ピアノ、ビリヤード、ボウリング、ゴルフ、水泳、スキー、料理、美術館や庭園めぐり、盆栽観賞、絵を描くこと、コンサートに行くのも好きだし……、ゴルフはいっこうに上手にならないけど好きです。こうしてみると、仕事ばかりしている割には、多趣味といえるかもしれません。僕はやったことがないことでも、誘われたり、機会があったりすれば、とりあえず経験してみるようにしています。そうやって実際に自分で経験していくうちに、趣味と呼べるような〝自分の楽しみ〟が増えていったんですね。

この〝自分の楽しみ〟を追求していくことに躊躇《ちゅうちょ》はまったくありません。人には限られた時間しかないからです。

普通に道を歩いている時にトラックに轢《ひ》かれて死ぬ可能性だってゼロではありません。そのことを考えたら、「今この瞬間をしっかりと楽しんで生きる」という気持ちが何より大切になるはず。死んだら天国には行かない。死んだら無です。美味しいものを食べられるのも、好きなことができるのも、愛し合えるのも生きているからこそ。その意識が人生全体を充実させ、豊かにすることに繋がっていくんです。

ですから、**どんな趣味であれ、自分が楽しいと心から思えて熱中できるものであれば、できるだけ時間を作ってとり組んでいくべきだと思うんです。**

自分が特にやりたいわけでもないことを、嫌々やっているような日々が続いている時に、もしトラックにはねられたら、「ああ、俺の人生なんだったたんだ……」なんて、ものすごく後悔するでしょう？　そんな後悔は絶対にしたくないんです。そう考えると必然的に仕事であれ、プライベートの趣味であれ、自分の好きなこと、楽しいことをやろうという意識が芽生えるはずです。

誰でも経験したことがあると思うのですが、自分の好きなことをやっている時は時間を忘れて没頭できるものです。**それぐらい楽しんでとり組んでこそ、その人の人生が輝いて見えるものですし、ポジティブな〝熱〟は周りの人たちにも伝わるでしょう。そして、それが人を惹きつける〝大人の色気〟にもなります。**趣味というものは単なる暇つぶしではなく、そんな輝きの時間であるべきだと思うのです。

多彩な趣味が〝ミステリアス〟な色気に

「好きこそものの上手なれ」という言葉がありますが、どんな物事でも熱中してとり組んでいるうちに、特技になっていきます。**特技はそのまま〝人間の幅〟の広さにも繋がります。**

例えば、休日に大勢の友人たちとキャンプやグランピングに行ったとします。普段アウトドアが趣味という人であれば、飯ごうで美味しいご飯を炊いたり、バーベキューで手際良く料理を作ることができるでしょう。知られざる一面をさりげなく見せれば、周囲の人には魅力的に映るはずです。

あるいはバーで女性とお酒を飲んでいる時に髪型やファッションの話になり、「君はこういうのがすごく似合うと思うんだよね」なんてサラッとスケッチを描いて見せる。絵が自分の特技であれば、その絵をプレゼントするなんてサプライズもできるわけです。

こうした知られざる一面がふと見え隠れすることで、周りの人たちに、**「この人はどういう人なんだろう？」と想像をさせる。それがミステリアスな〝大人の色気〟に繋がるんです。**

ミステリアスな男性というと、なんとなく「謎めいていて、どこか危険な香りがする男」というボンヤリとしたイメージで捉えている人が多いかもしれません。ですが、**ミステリアスな魅力は、「相手の知らない自分を想像させる」ところが一番のポイントなんです。そこに〝危険な香り〟なんてものは特に必要ではありません。**

「この人、変なこと言ったらぶん殴られそうだな」

そんな何をするかわからない〝危険な香り〟は、文字通り「デンジャラス」なだけで「ミステリアス」とは違うものです。そんなデンジャラスな男性に色気を感じるのは特殊な性癖を持っている人だけでしょう。

ことさらに自分の特技をひけらかすような真似はしないのに、いざという時に、〝デキる姿〟を自然にさりげなく見せる。そこに垣間見える〝人間の幅〟が、ミステリアスな魅力になっていくのです。

ちなみに僕はフランスのバルディゼールで行われたアマチュアのスキー大会に出場したことがあります。入賞とまではいきませんが、上位半分に食い込めるぐらいスキーが好きなんです。それを公の場で特に言ったことはありませんから、雪山でスキーの腕前を披露すれば、「こんなこともできるんだ!?」なんていう新鮮な驚きを与えることができます。「干場義雅」の人物像に新たな一面を加え、さらに人としての幅の広さをも感じさせることができるんですね。こうして書いてしまったので、もうスキーは使えませんが(笑)。

そんな〝人間の幅〟になる「意外性」は多ければ多いほどいい。趣味を多く持つということは、そんな意外性を増やして〝人間の幅〟を広げることでもあるんですね。

さまざまな局面でデキる姿を見せることができると、その人の魅力は自然と感じてもらえるものです。それが「安心感」や「信頼」に繋がっていき、やがて人を惹きつける〝大人の色気〟にもなっていくのです。

休日のラフなジーンズとTシャツ姿でも、「この人はきっとタキシードが似合うだろうな」と思わせる男性というのが僕の理想でもあるのですが、それはやはり〝人間の幅〟と経験値以外からは出てこないものなのです。

趣味が〝現場力〟を磨き、人間関係を広げる

僕は昔からお酒を飲んでカラオケで歌うことが好きなのですが、二十代前半の一時期、**「ひとりで見知らぬスナックに飛び込んで入る」ことを趣味にしていた時期があります。**

そういうスナックのお客さんはどこもほとんど共通していて、だいたい地元の

おじさんやおばさん。たまにちょっと強面《こわもて》の人がいることもあります。そんなところに一見《いちげん》の若い男が入ってくることはあまりないので、あからさまではないにせよ、ちょっとした注目を集めることになります。そこでどれだけ多くの人の懐に入ることができるか、それを僕は楽しんでいました。

まずはリサーチです。スナックですから、当然カラオケがあります。そこのお客さんたちがどんな歌を好んでいるのか、歌っている人たちを観察したり、履歴をチェックしたりして傾向を見ます。そして、ちょっとずつ周りの人と会話を交わしていくと、だんだんと、「お兄ちゃんも歌いなよ」という空気になってきます。そんな時に「この曲ならウケるはず」という曲を歌うと、予想通りすごく盛り上がるんですね。それでお客さん皆と楽しくなって、気持ちの良い一夜を過ごせる。もちろん、うまくいかない時もありますが、うまくいった時の〝してやったり感〟は実に楽しいものでした。カラオケとお酒、いろんな人と繋がって楽しい時間を過ごす――どれも昔から大好きで楽しいと思ってきたからこそやっていた趣味ですが、**今思えばこのスナックめぐりは、僕の〝現場力〟を磨くことに大きく寄与してくれたと思います。**

趣味も突き詰めていけば、ただの趣味にとどまらず、自分でも想像していなかった意外な道を切り拓《ひら》くこともあります。

チャンスはどこに転がっているかわかりません。趣味の活動を通して知り合った人と意気投合して仕事に繋がることもあります。僕の周りでは、それでヘッドハンティングされたという人もいました。

カラオケの話ばかりになって恐縮ですが、僕の知人で取引先との会食後に、カラオケがうまいことから話が盛り上がってそのままスカウトされたという人もいますし、僕もプライベートでカラオケに行ったり一緒にお酒を飲んだりしているうちに意気投合した人を、モデルエージェンシーに紹介したことがあります。彼は今でもモデルとして活躍していますよ。

「好きなもの」があなたをブランディングする

このようにプライベートの趣味が実益に繋がることは往々にしてあるわけです

が、〝発想が逆〟になってしまうことがよくあります。

先にも述べたように**趣味というものは、あくまで「自分自身が楽しむこと」がもっとも大切です。**

ワインが趣味という人が、いろいろなワインのテイスティングをしたり、知識を得たりするのは「ワインが好き」で「それが楽しい」からです。その結果として、「女性とのデートの時に、ワインのウンチクで感心される」ということもあるかもしれません。それが逆になって、「女性に感心される」ために「ワインを趣味にしよう」という発想になってしまうと、一番大切な「自分自身が楽しむ」ということから遠ざかってしまいます。

プライベートで何か趣味を持つことは、結果的に何かの役に立つこともあるかもしれませんし、特に何の役にも立たないかもしれません。

しかし、それはただの副産物です。**仕事では成果を求められることが当然ですが、プライベートの趣味は「自分が本当に好きなこと」「熱中できること」をやるというところに意味があります。**

好きなことに熱中するからこそ〝人間の幅〟を広げられるのです。自分を装ったり、見栄を張ったり、人に自慢をするためのものになってしまっては、途端につまらないものになってしまうでしょう。それでは、限られた人生の時間を無駄遣いしているようなものです。

SNSで「自分の価値観」が伝わる

フェイスブックやインスタグラム、ツイッターといったSNSが発達したことで、個人が情報を手軽に発信できるようになりました。**同時にそれは「他人の目を必要以上に意識する」という弊害も生み出したように思います。**本来、自分が楽しむことが優先されるべきことでも、SNSに投稿して「いいね！」を押してもらい、多くの共感を得ることが第一の目的になってしまう人が多いのではないでしょうか？　それでは本末転倒ですよね。

自分が思い切り楽しんだ経験や時間をいろんな人と共有したい、多くの人に伝えたいという思いが先にあるからこそ、その〝熱〟が意味のある情報となって世界中に広く伝わっていく。SNSはそんな思いを手軽に表現できる、非常に優れたツールです。「ユーチューバー」のように個人の活動をインターネットで公開することで収入を得る人も続々と出現しています。

しかし、自分が「どんな人間なのか」ということを手軽にプレゼンテーションできるため、自己顕示欲が強くなりがちです。ですが、**SNSを使うそもそもの目的は、ほかの人と異なる自分だけの情報や世界観、価値観を発信することではないでしょうか？　それは虚栄心からではなく、やはり「自分が本当に好きなもの」や「素晴らしいと思うもの」であったり、「心から楽しんだ体験」であったりするはずです。**

そういう情報を発信していくことが、本当の意味での自分のブランディングになるんですね。そんな風にSNSでうまく自分を表現できる素敵な個人が増えていけば、世の中はもっともっと楽しくなっていくのではないでしょうか？

僕自身もフェイスブックやインスタグラムを利用しています。編集長を務めるウェブマガジン『FORZA STYLE』の記事紹介を中心に、日常のちょっとした出来事などを投稿しています。**その根底にあるのは「干場義雅」が「これはいい**

ですよ」と皆さんにおすすめしたい情報の拡散です。ＳＮＳがハブとなって僕が素敵だと思うものがより多くの人に届き、喜んでもらう――ＳＮＳはそのためのツールです。**僕の投稿をフォローしてくれている人が、僕の情報を信頼してくれていることで関係が成り立っています。**

以前、北欧のミニマリズムをデザインにとり入れた、デンマークの「ジュリー・サンドラゥ」というジュエリーブランドで販売している「ステラサテンブレスレット」を、『FORZA STYLE』の記事やＳＮＳで紹介したことがあります。値段も一万円台とリーズナブルで僕も愛用していたのですが、実はこれ、海外のセレブリティの間で「身につけていると金運が上がる」と噂《うわさ》されている人気アイテムなんです。そして驚いたことに僕もこれを身につけてから本当に宝くじが当たったんですね。それをＳＮＳでおすすめ投稿したら反響も大きくて、買った人からも続々と「金運が上がった！」というコメントをいただきました。

素敵なデザインでリーズナブルなアイテムなので、金運関係なしにおすすめなのですが、こういう情報が手軽に拡散できて、より多くの人に喜んでもらえるのはやはりＳＮＳの魅力だと思います。

仕事でもプライベートでも「好きなもの」を追求

仕事とプライベートの区別はほとんどないという話をしましたが、詰まるところ**仕事もプライベートも「自分の好きなことをやる」ということに尽きます。**誰にとってもそれが理想でしょう。最終的に仕事もプライベートも関係なく、「これまで何をやってきたか」「これから何をしようとしているのか」ということで自分が作られていくわけですから。そして、**自分を作っているものは、やはり「自分の好きなもの」であって欲しいと僕は思っています。**

僕がこれまでに出会ってきた数多くの素敵な「色気のある男」たちも、自分の好きなことを、仕事もプライベートもなく追求しているような人ばかりです。

僕が崇拝していると言っていいほど尊敬の念を抱いている「ロロ・ピアーナ」の現副会長のピエール・ルイジ・ロロ・ピアーナさんはヨットが趣味で、自身が

所有する大型ヨットでレースにも参戦されています。そこでは自分で舵《かじ》を取りながら、クルー全員の指揮までしているのだから趣味といっても〝本気度〟が違います。僕も取材などを通して何度かヨットレースにも同行させてもらったことがあり、

「なぜ、ここまでヨットに心を惹かれるのですか？」

と聞いてみたことがあります。すると彼は、こう答えてくれました。

「大海原を走っていくという意味でヨットレースもビジネスも変わらない。時には大きな波が打ち寄せ、強い風が吹き荒れる。そういう状況でどう舵をとり、乗り越えていくか。それが面白いところだし、トップの役目なんだ」

趣味としてヨットを心から楽しんでいると同時に、彼自身が本当に大切にしている〝哲学〟が現れています。つまり、ビジネスに対する姿勢や自分自身の生き方が、セーリングをする時間に濃縮されているのです。

「ロロ・ピアーナ」のアイテムには素材、機能性、デザインなどあらゆる面で彼の〝哲学〟が反映されています。だからこそ単なる「洋服」の枠を超え、着る人のライフスタイルにまで影響を及ぼす一流のブランドとなっているのでしょう。

僕自身、現在は「ファッション」というジャンルを中心にさまざまな仕事をしているわけですが、それは僕が若い頃から「ファッション」が何より好きで、常に熱中して打ち込んできたからです。そして、**そんな僕が仕事で提案するスタイルは、僕がこれまで出会ってきた素晴らしい友人や先輩方、家族、観てきた映画や読んできた本やマンガ、何ものにも代えがたい素敵な経験や感動——人生のあらゆるものが反映されてでき上がってきたものです。**

そういう意味でも、やはり僕にとって仕事とプライベートという区別は存在しないんです。

COLUMN

『幸福の王子』と男女観

色気のポイント

お互いを尊重して
高め合い、
同じ方向を見て
進んでいくこと

夫婦や恋人という関係性でも、やはり基本となるのは「相手に喜んでもらう」という意識を持ち続けることではないでしょうか？　そして、刺激を求め合うだけではなく、日々の生活を一緒に楽しむ中でお互いを尊重し合い、啓蒙し合って成長していけるような関係が僕の考える理想のカップル像です。付き合いが長くなってくると、つい忘れがちになってしまうものですが、「感謝して相手に尽くす」ことは自分のもっとも身近にいるパートナーにこそ、しなければならないものです。

もうひとつ、**僕が理想のカップル像として思い描くのはオスカー・ワイルドの『幸福の王子』における王子の像とつばめの関係なんです。**『幸福の王子』は王子の像が自らの装飾品の宝石や金箔《きんぱく》を、つばめに頼んで貧しい人に分け与えていくというお話。物語の最後には、冬が訪れて働き疲れたつばめは息絶え、みすぼらしい姿になった王子の像は炉で溶かされてしまいます。

こんな悲しいお話のどこが理想なのかと思われるかもしれません。**僕がこの物語に美しさを感じ、理想のカップル像を見るのは、この王子の像とつばめが「与える」ことに対して、価値観を共有して同じ方向を常に向いているところなんです。**王子の像とつばめは、まさに「運命共同体」として、可能な限り多くの人々に幸せを与えていきました。そこにきっと後悔はなかったはずです。この物語に描かれているのは、そんな〝無償の愛〟であり、その美しさに僕は心を打たれます。そして、**「運命共同体」といえるほど気持ちが通じ合い、同じ方向を見つめて同じ夢に進んでいけるパートナーがいれば、人生の道のりはきっとひとりの時より歩きやすいものになるでしょう。**『幸福の王子』はそんなことを僕に教えてくれた大切な一冊なんです。

PART

5

メンタル編

「本質」に気づくことで“色気”が備わる

人生観を一変させた「父の死」

これまで、ファッション、仕事、女性観、プライベートと四つのパートにわたって、「男の色気」「色気力」とは何なのか？　そして、どうすればそれが身につくのか僕なりに述べてきました。

そして、どの章でも僕の人生観や哲学を、何度も繰り返し語ってきました。**僕にとって「色気」とは、「生きることの本質とは何か？」という問いと切り離しては考えられないものなんです。**

僕がそうした〝生きることの本質〟について真剣に考えるようになったきっかけは、約十一年前の父の死でした。僕の実家は、父まで三代続いたテーラーです。

僕はミシンが並ぶ縫製工場を遊び場に、父が生地を裁断したり縫製したりしてスーツを作る姿を見ながら育ちました。幼稚園の入園式には、ダブルブレストのネイビーストライプのスーツ、小学校の入学式には英国のフランネル素材を使ったダブルのネイビーブレザーを、父が僕のために仕立ててくれました。**僕がファッションに興味を持つようになった理由のひとつに、父の存在があったことは間違いないでしょう。**

二十歳になった時に、父が記念として仕立ててくれたネイビースーツの美しいシルエットや色合いは、今でもはっきりと覚えています。

しかし、父は僕にテーラーを継がせようとはしませんでした。ちょうど世の中に、既製の安価なスーツを売る量販店が出始めた頃でした。

「二万円のスーツが当たり前になる時代に、私が作ってきた五十万円を超えるようなオーダーメイドのスーツは売れなくなる。継がなくていい。もっと広い世界を見て自分の好きなことをやりなさい」というのが父の言葉でした。結局、実家のテーラーは父の代で最後となりました。

父が使っていた古い業務用アイロンは、鉄の塊そのもので、現在の家庭用アイロンとは比べものにならないぐらいの重さがありました。そんなアイロンを片手で自由自在に操っていた父は、僕と違って筋骨隆々という言葉がしっくりくるようなガッチリとした体形をしていて、おまけに空手は五段の腕前。毎日のトレーニングとして百キロのバーベル上げを欠かさないような人でした。

幼い頃、僕や妹が悪さをした時に怒るのは基本的に母でしたが、本当にやってはいけないことをした時には、父がドカンと厳しく叱ってくれました。それはやっぱり怖かったし、強く心に響いたものです。

父との思い出で強烈に印象に残っているのは、一緒に後楽園の場外馬券場に行った時のことです。父が万馬券を当てたんです。

「何か美味《うま》いものでも食べに行こう」

父にそう言われて大はしゃぎしていたら、僕が手にしていた万馬券が誰かにサッと盗《と》られてしまったんです。

盗った男は、僕みたいな浮かれている人間を狙っているグループのようでした。馬券は彼らの間で次々と回されて、誰の手に渡ったのかわからなくなってしまいました。僕は何が起こったのかわからずに、ショックでただ呆然《ぼうぜん》としていました。

しかし、父は冷静に、馬券が誰の手に渡ったのか観察していたのでしょう。人混みに消えていこうとした男たちを素早く呼び止めて、その五人の男を一撃の手刀で次から次へと倒し、懐に隠そうとしていた馬券をとり返したんです。あの時の父の観察力、判断力、行動力は、今思い返してもすごかった。

幼い頃の僕にとって、父は「強い男の象徴」でした。

およそ十五年前、そんな父が病に倒れたんです。その時、僕はミラノコレクションの取材でイタリアのミラノにいました。母から「父が倒れた」という連絡があったのは、日本へ帰国する前日でした。取材がすべて無事に終わって、ホテルに戻る夕暮れの道を歩いている時でした。吐血と下血を繰り返し、容態が悪く、先が長くないかもしれない――。予想もしていなかった出来事に、僕は思わずその場に立ちすくみ、泣き崩れました。

「実家のテーラーを継がずにファッションの世界で生きていく」と決めた僕に、父はどのような思いを抱いていたんだろう。そして、僕は父に対して何かしてやれたんだろうか――やりきれない思いが次々と頭に浮かんできて、涙が溢れ出て止まらなくなりました。あの時呆然として眺めていた、あまりに美しいミラノの夕景を僕は一生忘れることはないでしょう。

父はその後、長い闘病期間を経て亡くなりました。八十キロ近くあった大きなカラダは、三十キロ近くまで痩せ衰えて見る影もなくなっていました。

強くて、怖くて、頼りがいのあった父。ずっと「存在していることが当たり前」だった父の死に直面して、僕の人生観は一変しました。

人生には限りがある。時間にも限りがある。当然のことですが、改めてそれを強く実感したんです。

「自分に残された時間は、どれだけあるんだろう?」

五十年という長い時間があるかもしれないし、十年しかないかもしれない。それどころか、明日何かの事故に巻き込まれて死んでしまうかもしれない。残された時間がどれだけあるのか、それは誰にもわからないのです。

また、仮に日本人男性の平均寿命の八十一歳まで生きることができたとしても、四十歳だったら残りは四十年くらいです。一万五千日にも満たない日数しかありません。

それを思えば、一秒だって無駄にしたくない。**どう生きれば自分は後悔しないのか。それは結局、一瞬一瞬を大事に生きるしかないということなんです。**僕の根幹を成す「時短」と「今この瞬間を大事に生きる」という人生哲学はそこから生まれたものです。

幸福を引き寄せる〝感謝の心〟

父の死と前後して、僕はファッションディレクターとして独立。株式会社スタイルクリニックを設立し、人生の新たな一歩を踏み出しました。

その頃、ちょうど三重県に行く機会があり、**初めて伊勢神宮に参拝をすることにしました。**せっかくだからということで、神楽殿で申し込みをして一般拝所よりも奥まで神職の方に案内をしていただく、「特別参拝」をしました。

そして、いざご祈禱《きとう》という時に、ふと「何をお願いすればいいんだろう？」と迷ったんです。独立したばかりだったので「商売繁盛」「家内安全」――そのほかのお願いはどうしようかなんてことを考えてしまいました。すると、案内をしていただいた神職の方が、こうおっしゃったんです。

「神前にお参りをする時は、個人的なご利益をお願いする必要はありません。ただ、心から感謝をしましょう」

つまり、「神恩感謝」ということです。これまでの人生や日々の生活、多くの出会いや気づき、「干場義雅」という男が経験してきたあらゆることにただ感謝するだけでいい。本当は、参拝とはその感謝を伝えるための行為なんですね。自分が今こうして生きていること、そのすべてに感謝する。その気持ちのあり方に僕は目の前が開けたような思いがしました。

考えてみれば、僕はずっと「人に喜んでもらう」ことが好きで、仕事でもプライベートでも、自分のできる範囲で最大限、人に喜ばれることをしようと心がけて生きてきました。そんな僕の生き方と「神恩感謝」という考え方に通じ合うものを感じたんですね。それからは、より意識して「周囲に感謝の気持ちを忘れず、先に喜びを与えよう」という気持ちを持つようになりました。

僕はよく、感謝の気持ちの重要性をプールの水にたとえます。自分を含めた四人が、二十五メートルプールの四隅に立っているところを想像してください。この時、全員が水を自分のところに引き寄せようとして必死に手で水を動かしても、背後のプールの壁に当たってはね返り、自分から離れて向こうへ逃げていってしまいます。しかし、自分のほうではなくほかの相手のほうに「どうぞ」と水を差し出すように手を動かすと、その水はやがて向こうの壁にはね返って自分のところに戻ってきます。**自分の利益を優先するのではなく、自分の周りにいる人々や世の中に喜びを与えて広めようとしていけば、やがてそれは自分のところに返ってくるんです。**

これは仕事や恋愛、あらゆる人間関係に通じることで、僕の行動原理になっています。人の喜ぶことをしていくと、周りに笑顔が増えます。笑顔は幸せの第一歩ですよね。そういう笑顔に囲まれることで自分も幸せな気持ちになっていくでしょう。

周りの人間から、「あの人は幸せそうだな」「生き生きと楽しそうに生きているな」と思われるような人は、いつも笑顔を見せていると思います。逆にどれだけ地位が高くてお金を持っていたとしても、自分の利益だけを優先して周りに喜びを与えられないような人は決して幸せには見えないと思います。

僕はこれまでに〝一流〟と呼ばれる人々に、数多く会ってきました。**真に〝一流〟の人物は、誰もが大物ぶったりしません。こちらを喜ばせ、楽しませようという気遣いがあります。その器の大きさに思わず感激し、心から魅せられてしまうんですね。**

それこそ、まさに〝大人の色気〟〝色気力〟というものでしょう。

「情けは人のためならず」という言葉がありますが、目先の利益にとらわれずに人の喜ぶことをしようという姿勢が〝大人の色気〟へと繋がり、自然と多くの人が集まるようになって物事がうまく運んでいく。やがて、それは仕事、プライベートに関係なく人間としての信用を生み出して、〝一流〟への道を拓いていくのでしょう。

〝利他の心〟を持つことは、「大人の男性」として世の中を生きていく上で非常に大事なことだと僕は強く実感しています。

僕は神道の信者ではありませんが、さまざまな意味において伊勢神宮参拝はいい経験になりましたし、ある意味で転機にもなったといえるでしょう。今でも正月はちゃんとスーツを着て自宅の近所にある神社で、氏神様にお参りをして「神恩感謝」の心をお伝えしています。

「嬉しかったこと」はどんどん真似をしよう

女性観をテーマにしたPART3で「もっと褒めよう」「プレゼントをしよう」と述べましたが、これは別に女性に対してだけのことではないんですね。僕は男性でも女性でも、目上の人でも自分の部下であっても、素敵なところが目に入ったら自然にそれを伝えるし、「これ、あいつに似合いそうだな」「きっと喜ぶだろうな」なんてものが見つかったら買っておいて、次に会った時にプレゼントするということもよくあります。もちろん、相手が逆に気を遣ってしまうような高価なものではありませんよ。

言葉や態度、ちょっとした贈り物で、「僕はあなたのことを大切に思っていま

すよ」という気持ちを伝えることが、「周囲に感謝の気持ちを忘れず、先に喜びを与える」ことの第一歩になるんです。

以前、エッセイストの島地勝彦《しまじかつひこ》さんと対談させてもらったことがあります。『週刊プレイボーイ』の名編集長として知られた島地さんは、編集者として大先輩に当たる方です。その「大人の男性」としての振る舞いに、僕はずっと尊敬の念を抱いていました。ですから、お会いする前に著書に目を通し、島地さんがプロデュースするセレクトショップ＆バーの「サロン・ド・シマジ」にもお邪魔していたんですね。著書に「編集者たるもの、現場に十五分前には着いていなくてはいけない」という記述があったので二十分前には対談場所に着いていました。

そして、島地さんが「〝メメント・モリ（死を忘れるな）〟とリマインドできる」という理由でドクロのモチーフを愛用されているので、僕にしては珍しくドクロをモチーフにしたネクタイとリングを身につけていきました。

対談の途中、僕が身につけているネクタイとリングに気づいて、「ドクロが好きなの？」と島地さんに聞かれた時、

「島地さんがドクロを好きと聞いて、今日はこれをプレゼントしようと思って持ってきたんです。ジョニー・デップのつけているドクロのリングです。きっと島地さんに似合うはずです」

と、**その場でネクタイとリングを外してプレゼントしたんです。島地さんも大変に喜んでくださり、とびっきりのシングルモルトとシガーをご馳走《ちそう》になり、最高の雰囲気で対談を進めることができました。**

プレゼントをするということは、品物を選ぶ時に贈る相手のことを考えていて、その人のために時間を使っているということです。だから、ほんのちょっとしたものでも、「あなたのことを大切に思っている」という思いが相手に伝わる。それを喜ばない人はいないでしょう。**相手が喜んでくれて、その場の雰囲気が良くなれば、当然こちらも嬉しいし、皆が幸せな気持ちになれます。**

男女関係なく、そんなちょっとした贈り物の習慣を持つことが、人生をより豊かにしてくれるでしょう。

ところで、この自分のつけているネクタイをその場で外して贈るというプレゼントはなかなかスマートだと思いませんか？

実はこれ、僕も同じようにプレゼントをされた経験があるんです。イタリア好きの方ならご存じかと思いますが、「マリア・サンタンジェロ」という高級シャツブランドの代表を務める、ヴィンチェンツォ・ロマニュオーロ氏にインタビューした時のことです。

その時に彼が締めていたアズーロ・エ・マローネのネクタイが素敵だったので、

「すごくカッコいいタイですね！　どこで売っているんですか？」

と聞いたところ、嬉しそうに笑って、その場でスルスルと外してプレゼントしてくれたんです。思わぬサプライズに驚いたし、もちろんとても嬉しかった。彼がついさっきまで身につけていたものを身につけることによって親密度が一気に増したようにも感じました。

「ニクイことするなぁ！」

と感心して、それから僕も真似をするようになったんです。

カッコいい男性と出会い、素敵だなと思うところや自分がしてもらって嬉しかったことをどんどん自分にとり入れていくことも大切です。

そして、本書を読んでいる読者の皆さんにもこういうことを真似して欲しい。うまくいかないこともあるかもしれませんが、そこはトライ・アンド・エラーです。繰り返していくうちに板につくようになっていくはずです。

そうやって、いろんな「嬉しいこと」が連鎖的に広がっていくことは、すごく素敵だと思いませんか？　きっと、それは世の中全体をほんの少しだけかもしれませんが、幸せなほうへ進めていくことになると思います。

正義のヒーローが教えてくれた「強さ」と「優しさ」

色気を身にまとった大人の男性も、もとをたどれば「自分もこんなカッコいい男になりたい」というようなロールモデルがあり、その真似をしながら自らの男性像を作り上げてきたのだと思います。

僕もさまざまな一流の男たちに学んできました。しかし、**振り返ってみれば一番のロールモデルは「カッコいい正義のヒーロー」だったように思います。**

例えば、『タイガーマスク』。孤児として育った伊達直人《だてなおと》は悪役レスラーを養成する「虎の穴」で修業を積み、プロレスラーとして死闘を重ねながら、自分と同じ生い立ちの孤児たちを支援し続けます。車に轢かれそうになった子供を助けて死んでしまうという衝撃的な最後を含めて、タイガーマスクの「弱きを助け、強きを挫《くじ》く」という姿は本当にカッコよかった。

そのほかにも『ルパン三世　カリオストロの城』のルパン、『天空の城ラピュタ』のパズー、『シティーハンター』の冴羽獠――いろんなヒーローがいて、その活躍に胸を躍らせて、強く憧れたものです。

歳を重ねるにつれて、幼い頃に正義のヒーローに憧れた気持ちは、自然と忘れてしまうかもしれません。でも、多くの男性にとっての「あるべき男性像」は、そんな正義のヒーローから形作られているものだと思うのです。

子供の頃に感じていた「憧れのヒーローになりたい」という気持ち。歳を重ねて子供の頃の思いが薄れてきた時こそ、振り返る意味が大きいのではないでしょうか？

今の自分が憧れていたヒーローにどれだけ近づいているか、あるいはかけ離れてしまったのか。できれば、子供の頃の自分が「カッコいい」と思ってくれるような大人になっていたいし、そういう姿勢がなければ「色気のあるカッコいい男」にはなれないと思います。

正義のヒーローの魅力は、タイガーマスクについて先に書いたように「弱きを助け、強きを挫く」ということに尽きると思います。現実には悪役レスラーが襲ってくるようなことはありません。しかし、辛《つら》い境遇で苦しい思いをしているような人はたくさんいます。正義のヒーローは、決してそんな人を無視しないでしょう。今さらヒーローになれるわけではありませんが、困っている人や苦しんでいる人がいたら、手を差し伸べられるような「優しさ」を持つ男でありたいと思っています。

男のカッコよさというものは、突き詰めれば「優しさ」です。分け隔てなく他人に対して優しくできるということは、その人が「強さ」を持っているということ。「強い」から「優しく」できる。本当に強い男は自分の力を誇示したり、試したりするために周りの人間に辛く厳しく当たるようなことはしないでしょう。「強さ」を持っているからこそ、人に対して常に優しく温かい態度でいられるんです。その「優しさ」があるからこそ、強い男は多くの人を魅了して、関係を繋いでいくことができます。

子供の頃に憧れたヒーローたちは、僕にそんな「強さ」と「優しさ」の関係も教えてくれたように思います。**僕の「人が喜ぶことをしたい」という、〝利他の心〟もルーツはこうしたヒーローたちにあるのかもしれません。**もちろん、僕自身はかつて憧れたヒーローたちのように強くないですし、自分でも弱いと感じることもしばしばあります。ただ、できるだけ、ヒーローたちが持っていた「優しさ」を忘れない存在でありたいと思っています。そして、ヒーローにはなれませんでしたが、ファッションやライフスタイルを提案するという今の仕事を通じて、少しでも多くの人に喜びを与えられる存在でいたいという気持ちを持ち続けています。

目指すのは成熟したカッコよさ〝ジジクラ〟

四十七歳となった今でも憧れて「僕もいずれこうなりたい」と思う理想の男性たちがいます。

前にも名前を出しましたが、「ロロ・ピアーナ」のトップである故セルジオ・ロロ・ピアーナ氏とピエール・ルイジ・ロロ・ピアーナ氏のご兄弟、「トッズ」グループの会長兼CEOであるディエゴ・デッラ・ヴァッレ氏といった人たちです。

僕は歳を重ねた時に自分らしく素敵に成熟した男になることを一番の理想としています。豊かな経験に基づいた知識を持ちながらも、それをひけらかすことなく謙虚な姿勢でいる男。常に穏やかで優しく、時に豪快で、一緒にいる人に安心感を与えて、楽しませることができるような男。TPOをわきまえていて自然を愛し、レディ・ファーストで誰からも愛されるようなライフスタイルを送っている男――。

ロロ・ピアーナご兄弟や、ディエゴ・デッラ・ヴァッレ氏は、まさにそういう男たちなんですね。

実際にお会いした時、彼らはいつも、「ミスター干場、よく来たな！」と満面の笑みでハグしてくれました。その瞬間、心からの愛情とその温かさ、こちらを包み込んでくれるような懐の大きさを感じ、それだけで感激して涙が出そうになってしまうほどです。

人生が折り返して後半に入ってきた時こそ、男は真価が問われるのではないでしょうか？　僕は彼らのように歳を重ねていくことを目標に今を生きています。歳を重ねることは恐ろしいことではなく、楽しみですらあります。

素敵に歳を重ねて完成していく成熟したスタイルを、僕は〝ジジクラ〟と名づけました。爺《じじい》のクラシックということですね。僕の哲学である「移り変わる流行のファッションよりも、普遍的な美しいスタイルを」「多くの粗悪なものではなく、少しでいいから良いものを」という考えも、突き詰めると〝ジジクラ〟に行き着きます。これはファッションだけに限らず、ライフスタイル全般についてもいえることです。

三十代、四十代はまだひよっこ。読者の皆さんにもぜひ五十代、六十代と歳を重ねて成熟する〝ジジクラ〟を目指して欲しいと思います。

「もうすっかり中年だし、今さらお洒落に気を遣ったところで……」とか、「こんなにハゲたおっさんに色気も何もない」

なんて諦める必要はまったくありません。確かに歳をとれば頭髪は薄くなるし、お腹が出てきて、体力も落ちてくるでしょう。僕自身、五十六歳に間違えられたことがあるぐらいの老け顔ですが、抜け毛予防効果の強いシャンプーを使ったり、日焼けマシンで定期的に肌を焼いたり、スキンケアや美容にも気を遣ったりしています。

それは、歳をとることに抵抗して若作りをしているのではなく、今の自分がもっとも気持ち良く、楽しく生きていくためにやっていることなんです。

「もう歳だから仕方ないよね」

と、開き直ってだらしなく生きる人生に楽しみや喜びはあるでしょうか？　開き直ったら、その瞬間に〝諦めた人〟になるんです。これから刻まれていくシワのひとつひとつも、あなたが生きてきた物語の結果です。その結末が〝諦め〟ではあまりに悲しいと思いませんか？

いつか僕もハゲて、中年太りがひどくなるような時が来るかもしれません。きっといつかは来るんでしょう。でも、それを受け入れて、向き合い、模索していくことで「歳を重ねた新しい干場義雅」という「僕にしか出せない味」が出てくるんだと思います。その時も、僕は自然体で人生をより豊かにして楽しむことを、何より優先させていることでしょう。

そうやって培った自分の「感性」や「経験」が、成熟したカッコいい〝ジジクラ〟に繋がると信じています。

今生きているこの瞬間こそが「天国」

本書で繰り返してきた「人生をより豊かに、楽しむこと」が僕のもっとも大切な信念です。

父の死という体験から、僕は「生きる意味はどこにあるんだろう？」というシンプルではありますが、根源的な問いについて改めて考えることになりました。

そこで行き着いた答えは、単純で当たり前のことですが、「人間の一生は、一度きりしかない」ということです。仏教では輪廻《りんね》転生《てんしょう》という考え方がありますが、前世の記憶があるわけではないし、何度も人として人生を生きられるわけではありません。死んだあと、天国や地獄に行くというわけでもないでしょう。そもそも天国があったとして、そこには何があるというのでしょうか？　**愛も快楽も喜びも、すべて今この世界にあるじゃないですか。**

だったら、生きる意味は「今」しかない。自分の愛する人たちと楽しい時間を共有し、仕事や趣味で仲間と喜びを分かち合い、舌がとろけるような美味しいものを食べて、素敵なファッションに身を包み、思い続けてきた夢を叶《かな》える——そんな素敵な体験ができるのは、今のこの人生しかないんです。

つまり、天国というのは「今」なんです。「人生をより豊かに、楽しく」ということに僕がひたすらこだわっているのは、今この瞬間を天国にいるかのように幸せに生きることができるからです。そして、そう生きるべきだと心から思っています。

この「本質」に気づいたら、生きていく上での優先順位はおのずと決まってくるのではないでしょうか？

雑誌、ラジオ、テレビ、インターネット、イベント、さまざまなメディアで僕は情報を発信することを仕事にしていますが、その根本には多くの人々に「人生をより豊かに、楽しく」生きて欲しいという思いがあります。僕自身が身をもって体験して「これは素敵だな」と感じたことを伝えて、それを聞いてくれた老若男女すべての方々が一度きりしかない人生を豊かにし、幸せを感じてくれたら、それ以上の喜びはありません。こうやって本を書いているのも、この「本質」を伝えたいという思いがあるからです。

成熟した男の色気というものは、そんな「本質」を知って「人生をより豊かに、楽しく生きよう」とする姿勢から生まれるものです。そんな色気を持つ男性が増えていけば、世の中の「喜び」と「幸せ」もきっと増えていくことでしょう。

本書を読んで共感してくれた皆さんの人生が少しでも豊かなものになり、より多くの喜びと幸せがあるように心から願っています。

おわりに

いかがでしたでしょうか？

「色気」「色気力」は、見た目とかじゃない生き方や経験からにじみ出るもの。そして、それが表情や仕草となって表れるのです。先に述べてきたのは、あくまで僕なりの考えであり、色気の出し方にしか過ぎません。そして、それを実践したからといって色気が出るとも限りません。なぜなら、本書をいろいろな人が読み、僕と同じ色気を出すことは、どこかで見たことのある色気に繋がってしまい、そこにミステリアスさを感じないからです。

では、どうしたら本当に「色気がある人」になれるのか？

その答えは、自分しかできないオリジナリティのある「色気の出し方」を見つけることです。

声の出し方を変えてみることかもしれないし、誰に接しても動じない人間力をつけることなのかもしれないし、相手を倒す闘争本能と肉体と技術を持ちつつも、それを見せない強さと優しさを身につけることなのかもしれないし、相手の目の奥に秘密の信号を送る技術を体得することかもしれません。良いセックスをすることだって重要です。今、そこでクスッと笑った人がいるかもしれませんが、人間は本来、動物なのだから、それも大切。

とにかく、どこにもない、唯一無二のオンリーワンの色気にこそ、人は惹かれるのです。

そして、そんな自分だけの色気の出し方を見つけたら、誰にも言わずそっと試してみて、成功したら自分の心のノートにメモしておくことです。ここだけの話ですが、実は皆さんにまだ言えない秘技とでも言うべき〝人を惹きつけてやまないミステリアスなテクニック〟を僕は持っています。内緒ですが……（笑）。男の色気の出し方だけでなく、「色気がある女性」についても、いろいろと語れますので、それはまた別の機会に。

現在、僕には講談社のウェブマガジン『FORZA STYLE』の編集長、ファッションディレクター、ラジオのMC、テレビのリポーター、「ペッレ モルビダ」「WH」「K-3B」「MOVB」「INOUT」といったブランドのクリエイティブディレクターなど、さまざまな肩書きがありますが、意味合いから考えると、「スタイルドクター」というのが一番相応しいのかもしれません。

今から、人の命を救うことのできる尊敬すべき職業であるドクターにはなれませんが、スタイルのクリニックとして、少しでも多くの人のお洒落やスタイルの悩みを解決して喜んでいただき、素敵な人生を過ごすお手伝いができれば幸いです。

最後に、本書を刊行するにあたり、スケジュールが厳しい中、色気についての対談を引き受けてくださった森荷葉《もりかよう》氏、そして懇切丁寧にご尽力いただきました集英社文庫編集部の東本恵一氏並びに素敵な写真を撮ってくださいました久保田育男氏、対談の写真を撮っていただきました藤澤由加氏、レプロエンタテインメントの方々、各ブランドの方々、そして長年応援してくださるすべての方々に、この場をお借りしまして心よりお礼申し上げます。自分を応援してくれる人がいる限り、干場義雅はこれからもブレずに皆様を素敵にする仕事をし続けることを誓います。本当にありがとうございました。

干場義雅

文庫版オリジナル

森 荷葉 × 干場義雅

特別対談

「男と女の色気」

色気のある人には2パターンある

千場　この本には色気と着こなしについて書いたんですが……。最後に、素敵な女性に男の色気とは何かを語ってもらいたい。そう思って、森さんに対談をお願いしました。

森　どうして私だったんでしょう?

千場　以前からご本や映像を見せていただいていて、ぜひと思ったんです。森さんのお話は非常に本質的で、そういう方から見て色気とは何なのか?　と、とても興味がありました。色気というと、セクシーで派手なファッションや仕草をイメージしがちですが、そこにはあからさまな魅力しかないと思っているんです。森さんは色気に対して、そうではないアプローチやお考えをお持ちではないかと。

森　おっしゃる通りです。千場さんのお考えに近いですね。色気もシンプル・イズ・ザ・ベスト。例えば服の色も白やネイビー、ブラック、あと、女性なのでベージュが入れば十分なくらい。ただし今日は、千場さんはシックな装いでいらっしゃるだろうから、あえて少し華やかにしてきました。

千場　とても素敵ですね。お似合いです。

森　ありがとうございます。千場さんも私も好きな、イタリア女性っぽくしてみました（笑）。それで早速ですが、色気のある男の人には、二種類あると思ってるんです。ひとつは、小学生の頃から色っぽい男の子っていますよね。

千場　えっ、いますか？

森　いますよ。体型や顔立ちによるところもあるんだろうけど、何かちょっとセクシーな子。そういう子が中学、高校、大学と、成長するにつれ、ますますいい男になっていくというパターンがある。そして、もうひとつが、元気だけが取り得のわんぱく坊主だった子に、年とともにいろんなものが加味されて、いい男になっていくというもの。で、私が好きなのは後者です。去年よりも今年のほうが、少しだけ素敵になっているという変化のある人に色気を感じるんですね。

千場　なるほど。最初から色気のある人と、後から色気が出てくる人がいると。

では、後者の色気はどうしたら出てくるのでしょうか？

森　それにはね、まず土台作りが必要だと思うんです。だからまず、できることからでいいから、この本に書いてあることを実践してほしいですね。その上で、経験でしょうね。悩みも苦しみも、喜びも悲しみも、成功も失敗も含めて、さまざまな経験が栄養となって色気につながるんだと思います。それからもうひとつ、大事なのが、異性と接すること。

干場　なるほど。男性は女性と接せよと。

森　エッチなことをするという意味ではないですよ。いろんな女性と接し、付き合うことで、知らず知らずのうちに、艶が出てくる。これは女性も同じで、男性と接している人のほうが、色気は出てくるものだと思います。

干場　艶、出てくるんですかね……。

森　干場さん、たくさん接していらっしゃるので（笑）、十分出てますよ。そうやって経験が色気を生むわけです。ですから、男性は、四十代半ばから五十代後半くらいが一番脂の乗ったいい時期なのではないでしょうか。仕事も家庭も安定し、服も靴も、毎日のローテーションなども、いろいろ試して失敗して、自分に合うものが決まってくるのが四十代後半。だからこの時期の男性は、もっとおしゃれであるべきだと思っています。男の底力をどうぞ見せてください、と言いたいですね。

干場　色気は一夜にしてならず、ですね。四十代として、僕もますます頑張ろうと身が引き締まりました。

スーツよりも、Tシャツ、デニムに色気を感じる理由

干場　では具体的に、どんな時に色気を感じますか？

森　私は日常の動作の中に、相手の魅力を見出すことが多いですね。背広を脱ぐ時、サングラスをはずす動作、お茶を飲む手つき、ペンを持って文字（サイン）を書く時……。そうしたちょっとした立ち居振る舞いですね。例えば私、歌舞伎を見に行くことが多いんですが、舞台を終えた役者さんが普段着の浴衣に着替えて、化粧を落とし、楽屋でちょっとくつろぐ姿なんかに、すごく色気を感じるこ

とがあります。素の自分に戻った時に、それまで培ってきたものが出るというんでしょうかね。

干場　何でもない動作にこそ人間性が出るんでしょうね。緊張と緩和とでも言えますね。緊張していた人間がちょっと緩んだ時に、その人の素が見えて色気を感じる面もあると思います。ちょっと古いですが、八〇年代に大ヒットした映画『トップガン』では、トム・クルーズと恋に落ちる女性教官、ケリー・マクギリスが、最初、かっちりしたネイビージャケットにグレーのタイトスカートをはいてやってくる。でもオフの日に会うと、柔らかな白いシャツとブルージーンズでリラックスしていて、そちらのほうに、ハッとさせられるんですよ。

森　わかります。ただし、いつもTシャツとデニムでは、魅力は増さないんです。こんな自分もある、こんな自分もあると、いろんな側面を持っていることが人間的な魅力や色気につながるんだと思います。

干場　だから普段きちっとされている方が、リラックスした時に、人は色気を感じるんでしょうね。男性でも女性でも、昼間バリバリ仕事をしている人が、夜、バーでちょっと崩れたりすると、ぐっときてしまう。

森　想像させるのも大事かもしれませんね。和服は身体を包み隠す装いで、だからこそ、うなじとか、ちらっと肌を見せるところに色気が宿るんですよね。女性がノースリーブを着たからといって色気が出るものではない。年を重ねた女性はどうしても体型が変化していくので、とくに。

干場　確かに。カチッとした制服がカッコよく見えたり色っぽく見えたりするのも同じ原理ですね。

森　はい。でもたまに、制服は素敵なのに、私服になった時にどうしちゃったの？　っていう人もいますけど。そういう人には、干場さんの本を読んでいただきたい。そして今日、お話しして思ったのですが、干場さん、目がいいですよね。少年のようにきらきらしている（笑）。お衣装とはまた全然別の話になりますが、色気は目にも出ますね。

干場　いい目だなんて言われたことないので嬉しいです。目は服を着ることができないですからね。言わば裸。隠すことができないですよね。

森　隠せない。じっと見つめる目線と、そこからどうやって目線を伏せ、また上げていくか。立ち居振る舞いの一環ですが、目線はその人の印象を大きく左右すると思います。

干場　歌舞伎役者さんはいい目をしていますよね。

森　そういうことですね。

おすすめのお手入れは「歯」です

森　それから、やっぱりお手入れは大事だと思います。荷葉さん、お肌がきれいですねと言われると嬉しいんです。嬉しくない女性はいない。嬉しいからより一層、この状態をキープしようと頑張る。それは努力ですよね。努力なくして、色気のある人にはなかなかなれません。

千場　お手入れで、具体的に何かされていることはありますか？

森　歯のメンテナンスやホワイトニングはおすすめです。歯を全部治すとなると大変だけれども、普通のクリーニングは保険で賄えますから、そんなにお金はからない。私は半年に一回くらい歯医者さんに行っています。歯がちょっときれいになると、それだけで自分に自信がついて、じゃあ下着も変えてみようかな、なんてね。継続と努力は大事です。

千場　本当にそうですね。歯のホワイトニングは大切です。でも、知らない人からすると、芸能人かよ、みたいに思われる。おしゃれに気を遣っている人でも、歯科には虫歯にならないと行かない人って、けっこういるんですよね。

森　そうなんです。一度に仕上げようと思わず、歯医者という専門家に、いろいろ相談したらよい、そこからセレクトして継続していく、差の出る分岐点です。

千場　年齢を重ねると男性も女性もいろいろ出てくるわけですが、僕自身は、若い女性には何も感じないんです。年齢を重ねた女性に魅力を感じる。経験を積んだ女性の美しい所作や醸し出す優しさ、気の利いた会話などは、若い女性にはないものだと思います。

森　干場さんはそうおっしゃるけれども、日本人の男性で年を重ねた女性が好きという人は、そんなにいないですよ。

干場　日本人男性は若い女性が好きというのはメディアでもよく言われるし、実際、テレビでも、若い人ばかりが出ている番組が多い。年上の、成熟した女性の番組がもっとあってもいいと思うんですけどね。

森　そうなると熟女系とかになっちゃうんですよ。なかなか難しい。男性の目線がそうだから、〝若見え〟にこだわる女性は多いですね。四十代、五十代になっても髪を伸ばしてぐるぐるに巻いて、アクセサリーをじゃらじゃらつけて、派手なネイルをして。私はイタイなと思います。男性と一緒で、女性も減らしていくほうがいいんじゃないかな。

干場　僕も、女性のスタイルもシンプルでシックなほうが好きですね。年を重ねた女性は経験で勝負できるから、外側は引いていいと思う。

森　ただね、女性は男性に比べて、ある程度の年齢になると、どうしても体がシ

エイプアップしなくなるんです。中には運動してほどよい筋肉を保っている方もいらっしゃるけど、多くは、私の言葉で言うと「ひもが食い込む体」になっていく。だから、そういう女性が何を着たらいいのか、干場さんにご提案いただけると嬉しいです。

干場　なるほど……。僕は体型が変わって「ひもが食い込む体」になっていくほうが、断然に女性らしくて魅力的だと思いますが、お聞きしていて、和装は理に適っているのかなと思いました。年を重ねた女性が、より美しく見える。

森　そうかもしれません。事実、着物は、着付けのテクニックや素材、色、柄、コーディネート、立ち居振る舞い等、そんな知識の集結があってこそ、人から素敵に観られる。ただ着ているだけではダメということです。

千場 男性のタキシードに似ているかもしれませんね。慣れてないと蝶ネクタイをカッコよく結ぶことはできません。着るだけなら誰でもできるかもしれないけれど、着こなすには経験値が必要になる。着物もタキシードも、魅力的に年齢を重ねた人こそが似合う装いですね。

男と女は合わせ鏡——連れている女性に男の願望が宿る

千場 森さん、お店をやっていらっしゃいますよね。男性のどこを見ますか？

森 やっぱりね、お酒を飲むと人はちょっと変わりますでしょ。仕事ではある程度、自分を鎧《よろい》で隠しているけれど、酔っぱらうと素の顔が出てきたりする。そうした時に、横柄にならない人はいいですね。例えば、オレはお金があるから高いワインを開けるぞ、じゃなくて、今日はこういう気分だからこういうワインをください とか。今日はあまり飲めないからグラスがいいとか、自分のしたいことを普通の言葉で相手に伝えられる人は、洗練されているなと思います。それから、あまり酔いすぎる方はいけません。

干場　なるほど。僕はよくひとりで飲みに行きますけど、泥酔しないようにしています。ある程度酔いが回ってきたら、一曲二曲歌って、切り上げると。

森　カラオケがお好きでいらっしゃるんですよね。お店でも、個室をとってお友達同士だけで飲んでる席だったら酔っぱらってもいいんでしょうけど、うちはカウンターで、ひとりでいらっしゃる方が多いから、ひどい酔い方はアウトです。

干場　管を巻くとかもダメですよね。

森　ダメ。愚痴もいやですね。聞いていて気持ちよくない。楽しい会話ができる方と飲みたいですね。あと、お支払いがスマートな方は、場数を踏んでいるなと思います。

干場　僕は人前で払わないようにしています。

森　そういう気配りですよね。結局、男性の魅力って、経験であり知識であり気配りであって、お金を持っているとか、地位とかではないんですよ。私、一番タチが悪いのは、お金持ちで何も知らない人だと思ってます。

干場　メモしたい言葉です（笑）。

森　全身エルメスでまとめ上げていて、まったく似合っていない人っていますよ。お金持ちには誰も助言しないだろうし、言葉を選んで助言したとしても、真意をわかってもらえないいんですよね。ちなみにその方の奥様は全身シャネルでした。私、男の人を見る時に、連れている女性を観察することも多いんです。

干場　わかります。ひとりでおしゃれは簡単だけど、ふたりで素敵っていうのは、なかなか難しいんですよね。夫婦は合わせ鏡と言いますし。

森　こんな女性が好きだということは、彼の潜在的自分が表れていて、実は、自身の認識してない欲望や願望のある側面が、彼女を通してみえてくる。そんな見方もしますね。

干場　それは逆もしかりで、女性にとっての男性もそうなんでしょうね。最後に、森さんにとって、色気を感じる男性って誰でしょう。

森　干場さんも挙げている『００７』シリーズのダニエル・クレイグは大好き。

干場　ずるいですよね、ダニエル・クレイグは。笑わなくて、あれだけカッコいいんですもん。僕はお茶目で笑える要素のあるジェームズ・ボンド役を演じたロジャー・ムーアも好きだったけど、ダニエル・クレイグの寡黙でストイックなジェームズ・ボンドは、男女問わず受け入れられましたよね。

森　でもあの方も、ほかの映画を観ると最初からあんなにカッコよかったわけではなくて、ジェームズ・ボンドに抜擢《ばってき》されて、トム・フォードのスーツを着こなしていくうちに、一層、色気が出てきたように感じます。大きな仕事といい環境を得て、どんどん磨かれていったのでしょうね。

干場　ダニエル・クレイグであっても、色気は一日にしてならずと。

森　はい。彼の奥様（レイチェル・ワイズ）も女優ですけど、美しいだけじゃなくて、演技派で、厚みのある女性です。年齢もダニエル・クレイグとふたつしか変わらない。そういう女性を選んでいるところも魅力です。

干場　いや〜、今日はいいお話をたくさん伺いました。

森　最後に私、干場さんにお願いがあるんです。干場さんの本を読んで、さまざまな経験を積んで、男性がおしゃれになっていきますよね。そうやって変わった姿を見せて楽しむ場所が、男性にはあまりないような気がするんです。私は呉服店を営んでいて、お客様は、個性溢れるさまざまなパターンを買い求められる。

そうすると、皆様、口々に、着ていく場所を作ってくださいって、約束させられる。で、パーティーを仕込んだり、観劇したり、お食事会やクルーズ旅行をしたりなのですが、男性には、そんな場所が少ないように思われますけど。

干場　なるほど。イギリスにあったような女人禁制のジェントルマンズ・クラブみたいなものですか？

森　いや、やっぱりそこには女性がいたほうがいい。見られることで刺激を受けて、より一層、色気も増しますから、そうした場所を作って差し上げるといいんじゃないかと思っています。

干場　考えてみます。今日は本当に勉強になりました。

構成／砂田明子　撮影／藤澤由加

森荷葉　KAYOU MORI

和文化プランナー。株式会社荷葉亭、シルクアンドゼン株式会社代表取締役。和の空間デザインと旅館・料亭・町家再生まで幅広く活躍。和食の作法や食文化に関わるＴＶ出演も多く、番組の由来・考証も数多く監修している。着物事典からマナー・和の暮らしまで、著書多数。二〇一九年十月、湯河原にて古民家再生のワインの店「青太郎」開店。

本書は、二〇一七年一月、宝島社より刊行された『一流に学ぶ色気と着こなし』を文庫化にあたり、『色気力』と改題したものです。文庫化にあたり、加筆改稿をいたしました。

本文デザイン／アルビレオ
口絵写真／著者提供
対談写真／藤澤由加

JASRAC 出 2008186-001

集英社文庫

色気力《いろけりょく》

2020年11月25日　第1刷　　定価はカバーに表示してあります。

著　者　干場義雅《ほしばよしまさ》

発行者　徳永　真

発行所　株式会社　集英社
東京都千代田区一ツ橋2-5-10　〒101-8050
電話　【編集部】03-3230-6095
【読者係】03-3230-6080
【販売部】03-3230-6393（書店専用）

印　刷　株式会社 廣済堂

製　本　株式会社 廣済堂

フォーマットデザイン　アリヤマデザインストア　　マークデザイン　居山浩二

本書の一部あるいは全部を無断で複写複製することは、法律で認められた場合を除き、著作権の侵害となります。また、業者など、読者本人以外による本書のデジタル化は、いかなる場合でも一切認められませんのでご注意下さい。

造本には十分注意しておりますが、乱丁・落丁（本のページ順序の間違いや抜け落ち）の場合はお取り替え致します。ご購入先を明記のうえ集英社読者係宛にお送り下さい。送料は小社で負担致します。但し、古書店で購入されたものについてはお取り替え出来ません。

© Yoshimasa Hoshiba 2020　Printed in Japan
ISBN978-4-08-744182-6 C0195